해설사가 전하는 **구석구석
포항 이야기**

일러두기
초판 발행 후 달라진 현장의 일부 내용을 수정했습니다.

해설사가 전하는
구석구석
포항 이야기

이순영 산문집

도서출판 나루

저자의 말

마음에 담아 두었던 이야기들을 조심스레 세상에 내보냅니다.
첫 작품집이라 설레기도 하고 두렵기도 합니다.
현장의 정보와 내 생각들을 흩어져 있던 구슬을 꿰듯 단어와 단어, 문장과 문장을 어루만지며 제 자리에 앉혔습니다.

포항의 구석구석을 주제별로 답사한 암각화와 고인돌, 척화비와 충비(忠婢)들의 비(碑)를 모은 돌 이야기, 해안과 포항운하, 형산강변을 걸으며 보고 듣고 느낀 길 이야기, 신라시대부터 한국전쟁에 이르기까지 나라를 지켜온 포항사람들의 호국 이야기, 신라시대에 창건된 사찰과 불교 이야기, 사방기념공원과 새마을운동 발상지 기념관을 통해 근대화 이야기를 담았습니다.

최근에 글을 엮으면서 다시 현장을 답사해서 확인했습니다. 폭염경보가 이어지는 날들이었지만 금세 지나갔습니다. 정리하고 나니 곳곳에 미흡한 부분도 보입니다만 포항에 관심을 기울이는 사람들에게 도움이 된다면 큰 보람이겠습니다.

  미흡한 글을 꼼꼼하게 살펴주시고 기꺼이 추천의 말씀까지 해주신 수필가 박창원 동해안민속연구소 소장님, 잘못된 부분을 지적하시며 격려해주신 동화작가 김일광 선생님과 이상준 향토사학자님, 그리고 포항문인협회 서숙희 회장님께 머리 숙여 감사드립니다. 아울러 책 발간에 정성을 기울여 준 도서출판 나루에도 감사한 마음을 전하고 싶습니다.

  여행을 할 수 있고 글을 쓸 수 있는 건강을 주신 부모님과 멀리서 가까이에서 응원해 준 가족과 저에게 마음을 베풀어주신 모든 분들의 고마움을 잊지 않겠습니다.

2024년 5월

이순영

추천의 말

이순영은 포항 토박이이다. 그는 포항에서도 몇 손가락 안에 드는 산간오지인 포항시 북구 기북면 성법리에서 태어났고, 포항 사람과 결혼하여 평생 포항에서 살면서 포항에 관한 일을 하고 있다. 그는 누구보다도 포항을 사랑한다.

그래서일까, 이순영은 일찍부터 포항 구석구석에 널려 있는 문화유산 답사를 좋아했다. 그런 취미가 쌓이면서 어느새 전문가가 되었고, 사람들에게 문화유산 해설하는 일을 하게 되었다. 국립경주박물관에서 관람객을 대상으로 전시유물해설을 시작했고, 뒤에는 포항시문화관광해설사가 되어 호미곶해맞이광장, 구룡포근대역사관, 장기유배문화체험촌, 연오랑세오녀테마공원, 내연산보경사, 운제산오어사 등 포항을 대표하는 관광지에서 관광객들에게 포항의 문화관광 자원에 대해 안내·해설하는 일을 해 오고 있다.

이순영은 호기심 많은 여행작가다. 12폭포를 보기 위해 14Km나 되는 내연산 계곡을 종주하였고, 부산 오륙도에서 강원도 고성 통일전망대까지 750km에 달하는 해파랑길을 완보하였다. 때로는 오지인 상옥까지 가서 정환직 대장을 호위하다 산화한 산남의진 무명용사의 비석 앞에 머리를 숙였다. 그러기에 이 책은 그의 호기심과 발품이 엮은 생생한 답사기이다.

이순영은 자연을 사랑한다. 포항이라는 도시가 가진 관광자원을 찾아다니면서 길가에 핀 들꽃 한 송이에도 사랑스런 눈길을 보내고, 파도에 밀려 왔다가 물결과 함께 휩쓸려 내려가면서 구르는 몽돌 소리에도 한참 귀를 기울인다. 이 책은 이순영의 그러한 관심과 애정의 산물인 것이다. 그야말로 이순영의 땀과 정신, 지역 사회와 주변 사물에 대한 관심과 사랑이 '찐하게' 밴 책이다.

이순영은 혼자 다니길 좋아한다. 그가 글 속에서 "나처럼 혼자 다니기를 즐기는 사람도 있는가 하면…."이라고 고백한 것처럼 혼자 다닐 때가 많았다. 혼자 다니면 대상을 오래, 자세히 들여다볼 수 있다. 그러면 대상이 들려주는 이야기를 들을 수도 있고, 자기 나름의 의미를 부여할 수도 있다. 그는 다니면서 안내 표지판이 없어 찾기 힘든 곳에서는 아쉬움을 드러내기도 하고, 쓰레기로 뒤덮인 관광지의 모습에 안타까워하기도 한다.

이 책은 수필가 이순영의 첫 작품집이다. 그는 2006년 『문학세상』을 통해 등단하였고, 『포항문학』, 『보리수필』 등을 통해 꾸준히 작품을 써 왔다. 이 책에 실린 글들은 답사기 형식을 띠고 있지만 단순한 답사기가 아니다. 관광지나 문화유산을 소개하는 한 꼭지, 한 꼭지에는 세밀한 묘사가 있고, 깊은 사유가 있으며, 그만의 철학이 담겨 있다. 그러기에 이 책은 포항 관광에 관한 정보 전달을 넘어 독자에게 잔잔한 감동을 선물한다. 때로는 대상을 어느 각도에서, 어떤 태도로 바라볼 것인가를 은근슬쩍 제시해 준다. 포항 사람이라면, 그리고 포항에 대해 관심이 있는 사람이라면 감히 일독을 권한다.

수필가 박창원

목 차

저자의 말 · 5

추천의 말 · 7

돌 이야기

암각화와 고인돌
칠포리 암각화군 · 15
제단바위 · 18
신흥리 오줌바위 · 20
성계리 고인돌마을 · 21
문성리 고인돌 · 24
인비리 암각화 · 24

신라비
냉수리 신라비 · 26
중성리 신라비 · 28

척화비 · 충비비
흥해 척화비 · 장기 척화비 · 30
충비 갑연비 · 32
충비 순량비 · 33
충비 단량비 · 34

길 이야기

호미반도 해안둘레길
연오랑세오녀길 · 40
선바우길 · 46
구룡소길 · 53
호미길 · 58

영일만 남파랑길
호미곶에서 구룡포 · 68
두원리에서 구룡포 · 85

영일만 북파랑길
영일대길 · 109
주상절리길 · 120
조경대길 · 126
용치바위길 · 133

포항운하길
물빛마루에서 동빈 큰 다리 · 142
포항운하 · 144

형산강길
물빛마루에서 강동 · 148
부조장터 · 149
유금들 · 153

호국 이야기

신라 · 고려 · 조선
남미질부성 · 159
북미질부성 · 161
개포 · 164
칠포 수군만호성 · 166

통양포 수군만호진 · 167
임곡포 · 168
포이포진 · 169
권무정 · 169
흥해읍성 · 171
장기읍성 · 174
청하읍성 · 177

독립운동
산남의진 · 180
산남의진 발상기념비 · 180
산남의진 항일순국 무명삼의사총 · 181
윤응원 추모비 · 182
안국사지 · 184
이종흡 창의비 · 184
한말의병항왜혈전기념비 · 184
박능일 도해비 · 186
장헌문 의병장 추모비 · 187
포항의 3·1운동 · 188
포항교회 · 188
대전교회와 청하장터 · 189
대전 3·1의거 기념관 · 190
기미3·1독립의거기념비 · 191
3·1만세의거 기념비 · 192
죽헌 이주호선생 항일운동기념비 · 193
엄주동선생 추모비 · 193
광복축구장 · 193

한국전쟁
학도의용군 전승기념관 · 196
포항지구전적비 · 198
편지비 · 199
전몰학도충혼탑 · 200
호국전망대 · 201
6·25참전 유공자 명예선양비 · 202

형산강 도하작전 연제근 영웅
　특공대군상 · 203
무공수훈자 전공비 · 204
미해병대제1비행단 전몰용사충령비 · 205
포항지구 전투전적비 · 207
수도산 충혼탑 · 208
학도의용군 6·25 전적비 · 209
포항여중 전투 학도의용군 명비 · 209
호국학도 충의탑 · 210
충혼탑과 충혼각 · 211
6·25전쟁 격전지 기계·안강지구
　전투전적비 · 212
위령탑 · 213
천마산 도음산 전투 위령비 · 214
한국전쟁 미군폭격사건
　민간인 희생자 위령탑 · 215
자유수호 희생자 위령비 · 217
해군육전대 전적비 · 218
한미해병대 충혼탑 · 219

불교 이야기

보경사 · 223
오어사 · 230
법광사지 · 236
천곡사 · 241
고석사 · 244
해봉사 · 247

근대화 이야기

사방기념공원 · 253
새마을운동 발상지 기념관 · 257

돌 이야기

암각화와 고인돌

칠포리 암각화군

 양지꽃이 별처럼 고운 날 아침, 암각화를 만나러갔다. 7번 국도에서 칠포해수욕장으로 가다가 회전교차로를 돌아 왼편으로 곧장 가니 오른편에 〈암각화군〉 표지판이 있었다. 도로변에 주차를 하고 안내판이 가리키는 방향으로 50미터 정도 언덕을 올랐다. 길도 정비가 잘 되어 있었고 안내문도 반듯했다.
 칠포리 암각화군은 곤륜산을 중심으로 포항시 북구 흥해읍 칠포리와 청하면 신흥리 두 마을에 걸쳐 일곱 곳에 분포되어 있다. 곤륜산에 두 곳, 마을 뒤 구릉지 상두들에 세 곳, 마을 가운데 흐르는 소동천 옆 농밭재 아래 한 곳과 청하면 신흥리 오줌바위이다.
 포항시 북구 흥해읍 칠포리 201-1, 곤륜산 자락에 있는 칠포리 암각화군은 1989년 발견되었다. 이보다 앞서 1980년대 중반에 발견된 기계면 인비리 암각화와 함께 우리나라를 대표하는 암각화라고 한다. 멀찍이에서 보아도 문양이 선명하게 보였다. 가까이 다가가서 살펴보니 다양한 문양들이 분포되어 있었다.
 연구자들은 바위에 새겨진 대표적인 문양은 돌로 만든 칼(마제석검:磨製石劍)의 손잡이(검파:劍把)를 닮아서 '검파형(劍把形)'이라고도 하며, '가면(假面)', '방패문(防牌文)', '인면(人面)', 또는 '패형(牌形)', 부족을 상징하는 '문장(汶章)', '목책으로 둘리싸인 성역 표시', '신체문(身體紋)', '도끼문양' 등 다양하게 본다. 바위에 작은 구멍을 파서 만든 윷판모양은 별자리를 표현한 것이라고 하며, 여성성기 문

칠포리 암각화

양은 여성을 농경문화의 상징으로 여겨 풍요와 고귀함을 나타낸 것이라고도 한다.

문자가 없던 시대에 만들어졌으니, 바위에 남겨진 흔적을 보고 후대 사람들이 추정할 뿐, 문양의 명칭에 대한 정답은 없는 것 같다. 보는 사람에 따라 또 다른 모양으로 보일 수 도 있기 때문이다. 그래서 더욱 더 신비하다.

수 년 전, 중앙아시아 키르기스스탄 이식쿨호수 주변에서 보았던 촐본아타 카라오마을 암각화가 생각난다. 끝이 보이지 않을 정도로 넓게 펼쳐진 노천박물관이었다. 숨은 그림을 찾듯, 보물을 찾듯 이곳저곳을 둘러보며 바위에 그려진 그림들을 살폈다. 대부분 산양과 사냥하는 사람의 모습들이었다. 칠포리 암각화처럼 문양의 의미를 고민할 필요는 없었다. 선사시대 그곳에 살았던 사람들의 생활모습을 표현한 것임을 쉽게 알 수 있었다.

키르기스스탄 촐본아타 카라오마을 암각화

　어느 날 국립경주박물관에서 금관에 장식된 '곡옥'을 다섯 살쯤 되는 어린이에게 무슨 모양인지 물어보았다. 아이는 '쉼표' 같다고 했다. 나는 눈이 번쩍 뜨였다. 곡옥이나 태아 모양 따위로 알고 있었던 고정관념을 한순간에 무너지게 했다. 아이들은 나이 든 사람들의 스승이라는 말을 실감했다. 그날 후로 나는 아이들에게 자주 물어보곤 한다. 나의 굳어진 생각을 새롭게 바꾸기 위해서. 바위 그림도 마찬가지 아닐까. 어린아이들은 어떤 모양이라고 말할까. 어른들이 정해둔 명칭을 그대로 학습하여 답습하는 것은 아닐까. 알 수 없는 수수께끼의 답을 아이들은 찾을 수 있을까.

　선사인들은 바위에 구멍을 뚫고 줄을 그으며 무슨 생각을 했을까. 비와 풍요와 평화, 안전을 기원하고, 때로는 춤을 추며 바위 신이 노하지 않도록 정성을 다했으리라. 해와 달, 별을 바라보며 살던 사람들이 꼭꼭 숨겨둔 이야기들은 영원히 찾을 수 없는 수수께끼일지도 모른다.

제단바위

곤륜산 자락에서 내려와 오도리 방면으로 가다가 삼거리 주변 도로에 주차를 하고 왼쪽 언덕 밭에 있는 바위를 살펴본 후, 오솔길을 따라 제단바위로 갔다. 풀이 없는 계절에 가면 다니기 수월하지만 풀이 우거진 계절에는 사람들의 발길이 많지 않아 불편할뿐더러 제단바위의 아랫부분도 잘 보이지 않는다. 빈 절터나 성터, 바위 그림들은 들녘에 풀잎들이 없는 시기가 가장 적합하다.

제단바위는 네모모양으로 다듬은 큰 바위 윗부분에 70여 개의 구멍들이 표현되어 있었다. 구멍과 구멍을 굵은 선각으로 혼란스럽게 이어두었는데 정확한 의미는 지금까지 밝혀진 바 없다고 한다. 동그라미와

제단바위 구멍과 선각

동그라미의 연결, 하늘과 인간세계를 표현한 것은 아닐까. 하늘이 순조로우면 땅에 사는 인간도 평화롭다는. 저승과 이승도 서로 연결되어 있음을. 우주와 우주의 연결, 세상은 한 덩어리이며 같은 세상에서 호흡하고 있다고. 내가 이 땅에 살고 있음도 많은 것들과 서로 연결되어 있으니 혼자만으로는 살 수 없으리라. 바람, 물, 나무, 사람…. 마침내 나는 흙이 되고 먼지가 될 것이다. 내가 장차 무엇이 될 것인지, 무엇을 남길 것인지를 생각하는 것은 욕심일 것이다.

제단은 곤륜산을 향해있었다. 바위에 구멍을 파고 줄을 그으며 간절히 기원했던 것은 무엇이었을까. 굳건한 믿음은 큰 바위만 한 것이 없었을지도 모른다. 변하지 않는 바위를 제단으로 삼고 신성한 곤륜산을 향해 정성껏 제의(祭儀)를 행했으리라.

'곤륜산'은 고대인들의 의식 속에 있는 상상의 산이라고 한다. 중국인들의 젖줄인 황하의 발원지, 아무리 먹어도 줄어들지 않는 음식이 풍부한 곳, 영원히 죽지 않는 약을 만드는 불사수(不死樹)가 있는 곳, 서왕모와 신풍륭(神豐隆) 그리고 많은 신령들이 살고 있는 신성한 산이다. 아름다움과 공포가 공존하는 곳이기에 사람들은 갈 수 없다고 한다.

실크로드를 여행하며 거대하게 이어진 곤륜산맥을 본 적 있다. 북쪽으로 타클라마칸 사막, 남쪽으로는 티베트고원과 접해있는 2,500km에 이르는 아시아에서 가장 큰 산맥이다. 비행기에서 내려다보아도 시작과 끝이 보이지 않을 정도였다. 곤륜산은 전설이 아닌 실제 쿤룬산맥이라고도 하고, 아니라고도 하지만 나는 그냥 신성스럽기만 했다. 제단바위에서 곤륜산을 바라보았다. 페러글라이딩이 새처럼 날고 있었다.

칠포리 유적지를 둘러보며 아쉬움도 있었다. 소중한 유산이지만 훼손될까 염려스러웠고, 주차시설이 없어 불편했다. 도로변에 주차를 해야 하는 위험과 표지판이 잘 드러나지 않아서 그냥 지나칠 수도 있어 안타까웠다.

신흥리 오줌바위

칠포리 암각화와 1.8km 정도 떨어져 있는 청하면 신흥리 산 100-2 일대에 있는 오줌바위에 갔다. 신흥리 마을 안으로 들어가서 주차를 하고 안내판이 가리키는 방향으로 200미터 정도 떨어진 구릉지에 올랐다.

산 정상부에 바위들이 널찍하게 펼쳐져 있었고 바위에는 다양한 문양들이 보였다. 특히 '윷판 형 문양'은 제천(祭天)의식과 관련이 있다고 한다. 요즈음은 윷판을 놀이의 도구로 사용하지만 선사인들은 제례의 도구로 활용했을지도 모른다. 윷판은 북두칠성의 돌아가는 모습을 표현한 것이기 때문에 별자리를 만들어 두고 신성하게 여기기도 했으리라. 어둠이 내리면 더욱더 신비로운 공간이 될 것 같았다. 어쩌면 하늘신이 내려와 노닐 것도 같은….

'오줌'과 직접 연관 있는 유적이 아니라니 고개가 갸웃해졌다. 1993년에 발견되었는데, 예전 마을 사람들은 이 바위를 '화전바우'라고 했단다. 바위 주변에 참꽃이 많이 피어서 그곳에서 화전(花煎)을 부쳐 먹곤 했다고 하여 '화전바우'라고 했는데, 어느 날부터 '오줌바위'라고 부른다고 한다. 화전을 부치고 막걸리를 나누어 마시며 한해 농사의 풍년을 기원하는 축제의 장으로 삼기에 적합한 것 같았다. 얘기를 들어보니 '화전바우'가 더 적합한 이름이 아닐까 싶다.

오줌바위는 마을을 지나 산자락에 있는데 그리 멀지 않았다. 풀숲에 있는 작은 동굴 안 천장에서 물이 가늘게 떨어지고 있었다. 오줌바위라고 부를 만했다. 입구에는 긴 막대기에 매단 플라스틱 바가지가 있었다. 바가지에 물을 받아 맛을 보았는데 오줌냄새는 나지 않았다. 참 알 수 없는 수수께끼다.

암각화는 3,000여 년 전, 청동기시대 사람들이 남긴 흔적이라고 한다. 포항에는 칠포리 암각화 외에도 북구 대련리와 남구 신정리 산자락 등에도 바위 그림들이 있다.

청동기시대 사람들은 죽은 사람의 육신은 큰 바위에 가두고 망자를 상징하거나 망자에게 기원하는 다양한 문양을 바위에 새기고, 그의 영혼은 바위에 깃들어 있다고 여기며 그 바위를 숭배의 대상으로 삼았으리라. 21세기 현대인은 이해할 수 없는 의식이었을 것이다. 생각할수록, 볼수록 바위 그림은 수수께끼였다.

성계리 고인돌마을

'고인돌이 별처럼 내려앉은 마을' 포항시 북구 기계면 성계리(星溪里)로 향했다. 포항에서 20분 남짓 자동차로 달려간 곳, 달성교를 건너 오른쪽으로 기계천을 따라 들길로 들어가니 고요한 마을이 있었다. 마을 입구 적당한 곳에 주차하고 마을 안으로 들어갔다. 마을 어귀 담장에 마을 지도가 벽화로 그려져 있었다. 대부분 마을 지도는 안내판에 그려 설치되어 있는데 이 마을은 벽화로 그려져 있어서 신선했다.

가장 큰 고인돌은 성계리 마을 뒤 '노당재 고갯마루'에 있는데 둘레 4m, 폭 3.4m, 높이 4.8m로 남한에서 가장 크다고 한다. 마을에는 매곡댁 고인돌, 주산댁 고인돌, 양동댁 고인돌도 있었다. 아마도 택호(宅號)를 가진 고인돌은 국내에서 유일하지 않을까. 과연 '고인돌마을'이라 불릴 만했다. 이름 없는 큰 돌덩어리에 불과했지만 이름이 있으니 대대손손 그 이름으로 남으리라. 마을을 둘러보고 마을 쉼터 솔뫼당 공원으로 갔다. 그곳에도 바위 구멍이 여럿 있는 널찍한 바위가 있고, 선사시대 사람들이 모여서 살았듯이 지금도 마을 사람들이 모이는 쉼터였.

유난히 돌이 많은 사연이 있다고 한다. 옛날 마고할미가 바윗돌을 이고 와서 하나씩하나씩 놓은 것이라고도 하고, 중국 진시황이 만리장성을 쌓을 때 돌을 모은다는 말을 들은 어느 장수가 바위를 지고 중국으로 가다가 성이 완성되었다는 소문을 듣고 하나씩 내려놓은 것이라고도 한다.

포항시 북구 기계면 성계리 고인돌 마을벽화

마당에 큰 바위가 있으니 불편할 만도 하련만 곡식이나 채소를 말릴 때 이만한 곳이 없다고 한다. 사람들이 오면 적당하게 기대고 앉을 수도 있으니 불편하지는 않다고. 가정집 담장, 마당, 마을 쉼터, 고갯마루에 뿌리내리고 있는 큼직한 바위들이 마을의 주인 같았다. 바위가 먼저 자리 잡은 곳에 사람이 깃들어 살기 시작했을까, 사람이 사는 곳에 바위가 왔을까. 마고할미와 어느 장수가 가져다 둔 것이라고 믿고 싶었다.
 고인돌은 청동기시대 부족장의 무덤이라고 학교에서 배웠다. 그렇다면 이 마을은 무덤과 함께 있는 마을, 삶과 죽음이 공존하는, 죽음을 곁에 두고 사는 사람들이라고 할까. '웰 다잉(Well-Dying)'이라는 말이 회자 된 지도 한참 지났다. 한때는 '웰 빙(Well-Being)에 관심이 많았지만 최근에는 어떻게 죽음을 맞이할 것인가를 화두로 삼기도 한다. 잘 죽는 것은 곧 잘 사는 것일 터인데, 그 방법은 천차만별이다. 고인돌마을에 사는 사람들은 이미 '웰 빙(Well-Being)과 '웰 다잉(Well-Dying)'에 관한

동산댁 고인돌(왼쪽 어두운 부분)

정답을 찾지 않았을까. 지난 밤, 별이 된 선사인들이 마을로 내려왔을지도 모르겠다.

문성리 고인돌

성계리에서 들길을 따라 문성리 새마을운동 발상지 기념관으로 향했다. 기념관 못미처 오른쪽 길가 큰 나무 아래 네모모양의 거대한 바위가 세워져 있었다. 높이 3.9m, 폭 2.7m, 길이 4.8m, 무게 1백 톤 정도 된다고 한다. 고인돌이라기보다 선돌(立岩) 같다. 마을 사람들은 '선돌바위', '선두바위'라 부르기도 하며, 나이 많은 팽나무와 고인돌을 신성하게 여겨서 매년 정월 보름에 마을의 안녕을 위해 제사를 지낸다고 한다. 마을 앞에 서 있으니 마을을 수호하는 신으로 여길 만하다는 생각도 들었다.

혹자는 미신이라고 할 수도 있겠지만 우리 민족은 자연을 숭배하고 경외하는 심성을 지니고 있으리니 그 뿌리 깊은 문화를 존중하는 것도 바람직할 것이다. 팽나무와 고인돌을 둘러보고 인근에 있는 기계면 인비리 암각화를 보러 갔다.

인비리 암각화

기계면 인비리 46-12, 31번 도로에서 기북면으로 향하는 길목 왼쪽 논 가운데에 있었다. 농경지 정리를 하면서 옮겨둔 것이라고 한다. 추수가 끝난 무렵에 가야 잘 관찰할 수 있다. 모내기 철이나 벼가 한창 자라는 시기에는 농작물이 있어서 접근하기가 곤란하다.

고인돌 윗부분에 석검과 석촉이 새겨져 있었는데 뾰족한 부분이 옆으로 향하고 있었다. 본디 하늘로 향하고 있었으나 바위를 옮기는 과정에서 방향이 바뀐 것이 아닌가 싶다. 바위 그림이 언제 만들어졌는지는 정확하게 알 수 없지만 인비리 암각화에 있는 문양이 칠포리 암각화에도 발견되어 전문가들은 서로 연관이 있다고도 한다.

1970년대까지만 하더라도 포항에 500여 기의 고인돌이 있었는데, 경지정리를 하면서 파괴되거나, 1980년대 정원을 장식하기 위한 정원석으로 옮겨지는 바람에 많이 줄어들어 지금은 현장에 200여 기 정도 남아있다고 한다. 무엇이든 본디 있던 자리에 있어야 가치가 있다.

수십 년 전부터 고향 집에 대대로 간직해오던 토기가 있었다. 굽이 있고 둥그스름한 몸에 목이 길었다. 목과 몸에는 가로줄이 있고 형태는 완전했으나 전체적으로 약간 기울어진 토기였다. 어릴 때는 몰랐는데 세월이 지나면서 어느 족장이나 귀족의 무덤에서 출토되었을 것이라는 생각이 짙어졌다. 국립경주박물관 토기 담당 학예사와 상담한 후, 과정을 거쳐 기증했다. 가정집에 둘 것이 아니라 박물관에 두고 활용하는 것이 바람직할 것 같았기 때문이었다. 감정 결과 5세기 전반에 제작된 '장경대부호'라고 했다. 기증하고 나니 마음이 참 편안해졌다. 고인돌을 정원석으로 삼은 사람들은 마음이 편안하고 행복할까.

신라비

냉수리 신라비

 포항시 북구 신광면 토성길 37-13 신광면행정복지센터에 갔다. 국보로 지정된 '영일냉수리 신라비'가 신광면사무소 마당에 있기 때문이다. 이 비는 볼 때마다 마음이 조마조마하다. 사다리꼴 형태의 화강암 앞·뒤·위 세 면에 새겨진 231자의 글자도 점점 희미해지는 것 같다. 사람들에게 이 비석이 국보라고 했더니 깜짝 놀랐다. 비각 안에 있지만 귀중한 국보를 방치해 두는 것은 아닌가 싶다.
 포항에 국보가 두 점 있는데 그중 가장 먼저 발견되고 지정된 유물이다. 1989년 신광면 냉수리에서 마을 주민이 밭갈이를 하다가 평소 걸림돌이 되어 온 것을 빨랫돌로 사용하려고 집에 가져와서 흙을 씻었더니 글씨가 보였다고 한다. 이상하게 여겨서 신고를 했고, 학계에서 조사한

냉수리 신라비각

냉수리 신라비

결과 신라 지증왕 4년(503)에 제작된 것으로 밝혀졌다.

　국립경주박물관에 있는 '문무왕비편'도 발견 과정이 비슷하다. 적당한 크기에 평평한 돌이니 빨래판으로 활용하기에 적합했을 것이다. 내가 '빨래판'이라고 하자 어느 초등학생이 눈이 동그래지면서 '빨래판이 뭐예요?'라고 물은적이 있다. 빨래판을 모르고 있을 줄은 **생각하지도** 못했다. 아차, 내가 아이들에게는 옛날 사람으로 보일 수도 있겠구나, 싶었다. 생각해보니 그럴 만도 하다. 요즈음은 세탁기로 빨래를 하니 빨래판을 모를 수밖에. 초등학생의 어머니가 아이에게 빨래판을 설명하느라 한참 동안 이야기했고 아이는 이해가 되는 듯 고개를 끄덕였었다.

　비석에는 '계미년(癸未年) 지도로 갈문왕과 각부대표 7명이 모여 회의를 열고 재물의 주인은 절거리로 인정했다. 절거리가 죽으면 절거리의 아우나 아우의 아들에게 상속하라, 말추와 사신지는 재물에 대해 문제 삼지 말라, 문제 삼으면 중죄를 가하겠다.'는 내용이 새겨져 있다.

　'지도로 갈문왕'은 지증왕이 즉위하기 전에 불리었던 명칭이라고 한다. 재물이 무엇인지는 지금까지 명확하게 밝혀진 바가 없지만 왕실에서 직접 관여해서 재물의 소유권을 인정한 것으로 보아 당시 나라에서 매우 중요하게 여겼던 그 무엇이었을 것이다. 절거리는 이 비석을 증표로 삼았고, 이후에는 재물에 대해 시비를 거는 사람은 없었으리라. 오늘날의 등기문서 또는 대법원 판결문이라고 할 수도 있겠다. 언젠가 이곳에 왔더니 통닭조각이 비각 안에 던져져 있었다. 아찔한 생각은 지금도 떨쳐 지지 않는다.

　국보 중 특히 금석문이 중요한 이유는 정사(正史)로 알고 있는 《삼국사기》가 바르게 기록되었는지 아닌지를 결정하는 근거자료가 되기 때문이다. 보잘것없어 보이지만 이 비석은 매우 중요한 국보이며 진품이다. 묵묵히 이곳에 앉아 있는 모습이 마치 만사를 초월한 도인 같다.

　면사무소 옆, 신광중학교 교사(校舍) 뒷담으로 활용하는 토성과 비학산 자락에 진평왕 때 건립하였다는 법광사지도 있었다. 신광면 일대에서 고구려 양식의 석실분과 유물이 발굴되어 고구려와 인접한 지역이었으며 국방과 교통의 요충지였음을 알 수 있었다.

중성리 신라비

　포항시 북구 흥해읍 중성리, 중앙교회 앞 도로변 인도에 설치되어 있는 '포항 중성리 신라비 발견 장소'에 왔다. 2009년 이곳에서 비석이 발견되었다. 도로변에는 주택과 상가들이 있다. 냉수리 신라비 발견된 곳과 9km 정도 떨어진 곳이다. 이 일대에 도로공사를 하던 중 발견되었는데 마을주민이 화분 받침대로 사용하려고 집으로 가져와서 흙을 씻으면서 글자를 발견하고 신고했다. 이후 국립문화재연구소에서 냉수리 신라비보다 더 앞선 501년에 제작된 비석임을 밝혔다. 비석 앞면에만 203자의 글씨가 새겨져 있으며 비문의 내용은 재물의 소유권을 인정한 냉수리 신라비와 비슷하다. 물론 그 재물도 알 수 없다. 과연 그 재물은 무엇이었을까. 신라 왕경에서 30km정도 떨어진 곳에 과연 무엇이 있었을까. 신라 비석 중 가장 앞선 시기에 제작된 비석이 포항에서 발견된 것이다. 비석은 국립경주문화재연구소에 두었다가 2020년 국립경주박물관으로 옮겨 전시되고 있다.

중성리 신라비

지증왕이 남긴 업적을 생각해본다. 기원전 57년에 건국된 신라가 550년 정도 지나자 새로운 정비가 필요했을 것이다. 500년 지증왕이 즉위하면서 순장 제도를 금지하고, 소를 이용하여 농사를 짓기 시작했으며, 차차웅·이사금·마립간으로 부르던 호칭을 '왕'으로 바꾸었고, 나라 이름도 '신라'로 부르기 시작했을 뿐만 아니라 행정구역 개편과 우산국(울릉도)을 병합하고, 곳곳에 성(城)도 정비를 하여 국방을 튼튼히 하면서 왕권이 강화되었다. 당시 혁신을 이루었다고 할 만하다. 지증왕의 뒤를 이어 법흥왕이 불교를 국교로 받아들이고, 진흥왕은 영토를 확장하고, 문무왕이 삼국통일을 이룩할 수 있었던 것은 지증왕이 그 기틀을 마련했기 때문이 아니었을까.

신라 역사서는 《삼국사기》와 《삼국유사》가 대표적이다. 《삼국사기》는 1145년, 《삼국유사》는 1281년에 편찬되었다. 신라가 막을 내린 지 346년, 210년 지난 후에 만들어진 책인지라 사실이 그대로 기록되었을 수도 있지만 그렇지 않았을 수도 있을 것이다. 하지만 그 어떤 역사책보다 바위에 새겨둔 명문만큼 정확한 것은 없을 것이다. 그래서 금석문은 그 가치가 매우 높다. 냉수리 신라비와 중성리 신라비, 그리고 지증왕을 생각하며 1,500여 년 전 신라 땅, 포항시 북구 신광면과 흥해읍 일원을 거닐었다.

척화비(斥和碑)·충비비(忠婢碑)

흥해 척화비·장기 척화비

'양이침범 비전즉화 주화매국(洋夷侵犯 非戰則和 主和賣國)' 즉 '서양 오랑캐가 침입하는데 싸우지 않으면 화친하자는 것이니, 화친을 주장함은 나라를 파는 것이다.' 다른 나라와 친하게 지내는 것을 거부한다는 뜻이다. 이는 흥선대원군이 1866년 병인양요와 1871년 신미양요를 겪은 후 외세의 침입을 경계하도록 하고자 서울을 비롯한 전국에 세운 비석이다. 임오군란이 발발하면서 대원군은 청나라로 끌려가고 문호를 개방하면서 척화비는 땅에 묻히거나 철거되었지만 지금도 전국에 20여 기가 남아있다고 한다.

포항에는 척화비가 포항시 북구 흥해읍 영일민속박물관과 포항시 남구 장기면행정복지센터에 있다. 흥해 척화비는 2001년 칠포리 암각화 앞 도로를 공사할 때 발견되어 영일민속박물관으로 옮겼다. 장기면에 있는 척화비는 일제강점기 장기경찰관 주재소의 댓돌로 묻혀있던 것을 1951년 공사 중 발견하여 면사무소 밖 길가에 세워두었다가 1990년 경북문화재자료로 지정된 후 현재 자리로 옮겼다.

쇄국정책으로 오래 유지된 나라는 드물 것이다. 신라가 천년 역사를 이을 수 있었던 것은 세계 여러 나라들과 문호를 개방하였기 때문에 가능했지 않았을까. 신라는 동아시아 끄트머리에 있는 작은 나라였지만 실크로드를 통하여 지중해와 페르시아지역까지 문호를 개방했던 호방

한 나라였다. 신라 무덤에서 출토되는 유리잔이나 황금보검 같은 유물들이 뚜렷한 그 흔적이라 할 만하다. 신라인들의 깨어있던 정신세계는 지금 생각해도 놀랍다. 오늘날은 '글로벌 시대' '지구촌 시대' '국제화 시대'라고 한다. 이천 여 년 전, 이미 신라는 세계 여러 나라와 교류했던 앞선 민족이었다. 그러므로 우리는 뛰어나고 자랑스러운 민족의 후손이니 당당하게 살아야 하리라.

흥해 척화비

척화비를 바라보니 당시 국제정세와 가치관은 다르지만 아프리카 아이들이 외쳤던 '우분트'란 말이 생각난다. '내가 너를 위하면 너는 나 때문에 행복하고, 너 때문에 나는 두 배로 행복해 질수 있다.'는 뜻이란다. 어느 인류학자가 아프리카의 어느 부족 아이들에게 싱싱한 딸기가 가득 담긴 바구니를 나무 아래에 두고 누구든지 먼저 바구니에 가는 아이에게 과일을 모두 주겠노라고 했다. 그러자 아이들은 손을 잡고 함께 달려가서 과일바구니에 둘러앉아 나누어 먹었다. 인류학자는 아이들의 행동에 깜짝 놀라서 왜 그렇게 했느냐고 물었더니 아이들은 다 함께 '우분트(UBUNTU)!'라고 했다는 이야기다. 나 혼자만 맛있는 과일을 많이 먹을 생각을 하지 않고 다 함께 나누어 먹을 생각을 한 아이들이었다. 국가도 그렇고 개인도 마찬가지다. 혼자서는 살기 어렵다. 빨리 가려면 혼자 가고, 멀리 가려면 함께 가라는 말도 있다. 함께 하는 먼 미래를 생각하는 지혜를 아프리카 아이들에게서 배운다.

충비 갑연비

포항시 북구 흥해읍 한동로 51, 영일민속박물관 입구에서 오른쪽에 나란히 전시되어 있는 비석 중에 '충비갑연지비(忠婢甲連之碑)'라고 적혀 있었다.

비문에 의하면 조선 순조29년(1829) 영일현에 송씨 과부가 여관을 경영하여 생계를 이으며 살았는데, 어떤 사람이 여인을 업신여기고 여관을 탈취하고 능욕하려고 했다. 여인은 억울하고 분하여 그를 꾸짖고는 강으로 뛰어들었다. 그때 스물네 살 된 여종 갑연(甲連)이 주인을 따라 물에 뛰어들어 '주인마님이 죽는데, 내가 어찌 혼자 살 수 있겠는가.' 하며 주인을 물 밖으로 나오게 하고 갑연은 물에 휩쓸려 죽고 말았다. 이웃 사람들과 주변에서 본 사람들이 모두 슬퍼했다.

충비 갑연비

경상도를 순찰하던 박기수가 이 이야기를 듣고 조정에 알렸고, 조정에서는 충절을 가상히 여겨 정려(旌閭)하라고 명하자, 고을 사람들이 돈을 모아 비석을 세웠다고 한다. 포항시 북구 용흥동 연화재 중턱에 있었으나 도난을 우려해 이곳으로 옮겼다.

충비 순량비

포항시 북구 흥해읍 남송리 산5-1, 곡강양수장 옆 산자락, 대숲을 헤치고 들어가니 큰 바위에 세로120cm, 가로 50cm, 깊이1cm 크기로 만든 직사각형 안에 '충비순량순절지연(忠婢順良殉節之淵)'이라는 글씨가 새겨져 있었다.

조선시대 어떤 선비가 흥해군수로 있는 친구에게 왔다가 풍광이 좋은 이곳을 유람하면서 빨래 하는 낭자를 보았다. 그 모습이 아름다워 희롱할 생각으로 '이비삼척검 능단기인사사'(爾非三

충비 순량비

尺劍 能斷幾人事賜 : 너는 석자 칼이 아닐진대 장부 몇 명의 간장을 끊었느뇨?)라고 시 한 수를 크게 읊었다. 그러자 낭자는 '아본형남화시벽 진성십오유불역 우연유랑곡강두 황여학림일부유'(我本荊南和是璧 秦城十五猶不易 偶然流浪曲江頭 況與鶴林一腐儒 : 나는 본디 형남의 화씨벽 같은 보배로서 진나라 성 15개와도 바꿀 수 없느니라, 우연히 곡강어구에 유람하지만 계림의 일개 썩은 선비와 어울릴소냐.')하고는 떠나버렸다. 망신을 당한 선비는 흥해군수에게 낭자를 체포하게 했다. 명을 받은 군노 사령들이 선비의 거만한 태도가 못마땅하여 낭자가 사는 집으로 달려가서 사실을 이야기하고 낭자를 피신하게 하였다. 낭자는 가문에 미칠 화를 생각하여 자결하기로 결심하고, 유서를 쓴 후 몸종 순량과 하직하고 절벽 위에서 참포관소로 몸을

던지고 말았다. 그러자 순량도 보채는 아이를 달래서 집으로 보내고 낭자의 시신을 안고 목숨을 끊었다. 그 후 흥해군수로 부임한 조성(趙成)이 이 사실을 알고 순량의 충절을 기리고 넋을 위로하기 위해 참포관소 앞 암벽에 글을 새겼다.

충비 단량비

포항시 남구 구룡포읍 성동길 77번길 11-2, 광남서원(廣南書院) 입구 오른쪽 비각 안에 '충비단량지비(忠婢丹良之碑)'라고 적힌 비석이 있었다.

계유정난(1453년)때 수양대군에 의해 영의정을 지낸 황보 인(皇甫 仁)과 그의 아들 둘, 손자 두 명이 죽임을 당했다. 그때 가문에 미칠 화를 미리 짐작한 여종 단량이 영의정의 어린 손자 황보 단(皇甫 湍)을 물동이에 숨겨 머리에 이고, 황보 인의 사위가 사는 경상북도 봉화군 닭실마을까지 320여km를 걸어서 피신했으나, 이곳 또한 안전하지 않아서 노자를 얻어 무작정 길을 걸어 도착한 곳이 오늘날 포항시 남구 호미곶면 집신골(集臣谷, 일명 짚신골)이었다. 이곳에서 단량은 황보 단을 친자식처럼 정성껏 키웠다. 황보 단이 성인이 되었을 때 단량은 가족의 내력을 알려주었다. 이후 황보 단과 그의 후손은 가문을 온전하게 지키기 위해 숨어서 살았다. 황보 단의 증손이 포항시 남구 구룡포읍 성동리에 살기 시작하면서 집성촌을 이루어 오늘에 이른다. 황보 인과 두 아들의 관적이 회복될 무렵 황보 가문의 후손들이 가문의 대를 잇게 해 준 단량의 충정과 헌신을 기리기 위해 서원 뒤뜰에 세운 비석이라고 한다. 지금도 황보 가문에서는 '단량할머니'를 지극히 여기고 있었다.

갑연·순량·단량 이외에도 여인들의 행적을 새긴 열녀비도 곳곳에 있다. 조선시대 여인들이나 여종을 기리는 비를 세운 것은 남성 위주 사회의 산물이 아닐까. 신분 차별이 분명하던 시대에 보잘것없이 살던 여인의 행적을 적은 비를 마을 곳곳에 설치해둠으로써 살아있는 여인들에게 본받게 하기 위함은 아니었을까. 어느 여인이든지 주인에게 충성을 다하고 남편의 뜻을 잘 따르고, 부모에 효도를 다하면 후세에 영원히 남을 비석을 세워줄 터이니 그렇게 살기를 권하는…. 오늘날 젊은 여인들은 이런 비석을 보며 어떤 생각을 할까.

충비 단량비

물론 신분을 구분하지 않는 오늘날과 비교할 수 없지만 주인의 목숨과 내 목숨을 바꿀 사람 누가 있으며, 남편의 죽음을 따라 목숨을 끊을 여인 또한 과연 있을까. 나라도 그렇게는 하지 않을 것이다.

길 이야기

호미반도 해안둘레길

혼자 어디론가 가고 싶을 때가 있다. 예전에는 혼자서 멀리 등산도 다니고 기차를 타고 여행도 하곤 했지만 요즈음은 왠지 혼자 집을 나서려니 약간 망설여진다. 마음이 약해진 까닭인지, 세월 탓인지 모르겠다. 적당하게 사람의 왕래가 있는 곳에 가기로 하고 버스를 탔다. 포항시 남구 청림동행정복지센터 앞에 내려서 호미반도 해안둘레길 1코스를 걷기 시작했다.

호미반도 해안둘레길은 58km에 이른다. 1코스 연오랑세오녀길은 청림동행정복지센터에서 연오랑세오녀테마공원까지, 2코스 선바우길은 연오랑세오녀테마공원에서 흥환간이해수욕장까지, 3코스 구룡소길은 흥환간이해수욕장에서 대동배항까지, 4코스 호미길은 대동배항에서 호미곶광장까지 이어지는 바닷길이다. 전 구간을 걸을 작정이다. 오늘은 그 첫 번째 날이다.

호미반도 해안둘레길 시작표지판과 쥐똥나무

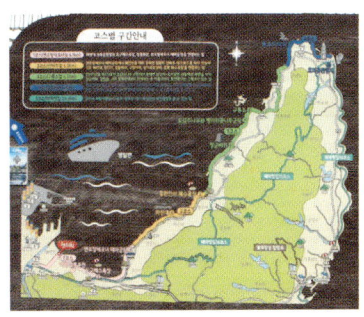

호미반도 해안둘레길 안내도

연오랑세오녀길

 청림동행정복지센터 앞 자동차 길과 나란히 이어지는 인도(人道)에서 해안둘레길 시작을 알리는 푯말을 만났다. 길을 따라 키 큰 버드나무 아래 쥐똥나무가 길게 울타리를 이루고 있었다. 버드나무 가지가 바람의 손을 잡고 나그네를 환영하는 듯 춤을 추었다. '쥐똥나무'는 꽃이 진 자리에 열리는 까만 열매가 마치 쥐똥을 닮았다고 해서 지어진 이름이란다. 북한에서는 검은콩을 닮았다고 하여 '검정콩알나무'라 부른단다. 같은 나무를 두고 우리말과 북한말이 다르다. '쥐똥', '검정콩알' 두 가지 이름을 차례대로 부르며 걸었다. 홀로 걷지만 전혀 심심하지 않다. 길에서 만나는 나무들과 꽃, 그리고 풀 한 포기도 모두 길동무가 되어 나에게 말을 걸어오기 때문이다. 쥐똥나무 울타리가 끝날 무렵 청포도길이 이어졌다.

 이육사선생의 시〈청포도〉가 창작된 곳임을 상징하는 길이다. 일제강점기 이 일대 200만㎡ 언덕에 '미쯔와(三輪)포도원'이 있었고, 사람들이 즐겨 찾던 명승지였다고 전한다. 포도원은 일본이 태평양

청림동 청포도길

전쟁을 일으킬 무렵 포도밭 일부에 군용비행장을 건설하면서 점차 사라지기 시작하여 광복 후 미군정에 의해 비행장이 확장되면서 더욱 축소되었다. 1960년대 중반까지 이곳에서 생산된 포도주는 서울 시가지 전차에 광고까지 할 정도로 인기가 대단했다고 한다. 포도원은 1972년 문을 닫으면서 기억에서 점점 사라졌다. 오늘날 포항을 대표하는 기업체가 '포스코'라면 당시에는 '삼륜포도원'이었던 셈이다.

수 년 전 스위스 라보지구에서 만난 포도원이 생각난다. 유네스코에 지정된 넓은 포도원의 자연환경이 포항과 매우 흡사했다. 코발트빛 호수가 바다처럼 내려다보이는 언덕에 넓디넓게 펼쳐진 포도원을 거닐면서 수십 년 전 대한민국 포항의 포도원을 만나는 것 같아 가슴이 벅차올라 두 눈을 꼭 감고 말았었다. 지금도 그때 그 모습의 포도원이 있다면 포항을 대표하는, 아니 대한민국 으뜸 관광지가 아닐까 상상해 본다.

스위스 라보지구 포도원

호미반도 해안둘레길 1코스 우회노선도

    지금은 해병사단과 포항비행장이 그 자리에 있어 흔적을 찾아볼 수 없다. 이육사 선생은 독립운동을 하면서 체포되어 서울형무소에서 석방되었지만 건강이 좋지 않았다고 한다. 1927년 '조선은행 대구지점 폭탄사건'의 피의자로 체포되어 옥고를 치르기 시작하여 1944년 1월 16일 순국할 때까지 무려 열일곱 번이나 일본 경찰에 붙잡혀 혹독한 옥살이를 하였으니 어찌 육신이 온전할 수 있었을까. 선생은 요양차 포항에 살던 집안 형님의 집에 머물면서 이곳 넓은 포도원 언덕에 올라 영일만 바다를 바라보며 시상이 떠올라 〈청포도〉를 창작하였다고 전한다. '내 고장 칠월은 청포도가 익어가는 시절, 이 마을 전설이 주저리주저리 열리고~~' 학창시절에 외웠던 시를 읊조리기도 하고, '파랑새 노래하는 청포도 넝쿨 아래로~ 그대와 단둘이서~' 콧노래를 흥얼거리며 걷다가 '청포도 시비(詩碑)'를 만났다.

　해군 제6항공전단 삼거리에서 청림운동장 방면으로 가면 해안길이 시작된다. 부지런히 걸어서 해안길이 시작되는 곳에 이르렀는데, 아뿔싸. 길이 막혀 갈 수가 없다. 이 일대 해안 2.4km는 해병훈련장이다. 훈련 기간 중 평일에는 통행할 수 없다. 오늘이 그날이다. 통제구간을 미리 확인하지 않은 나의 불찰이다. 그렇다. 무슨 일이든 계획하고 꼼꼼하게 챙기지 않으면 처음 계획과 달라지는 법이다. 이 또한 나의 실수이니 어쩌랴.

　통제되지 않는 날, 이 길을 걸은 적 있다. 30분 남짓 포장도로를 걸어와 만난 바닷길, 곧게 뻗어 있는 마루길과 넓은 모래사장과 푸른 바다를 만나자 가슴을 뻥 뚫리는 듯 했다. 이곳은 '어링불'이라 불리던 아름다

훈련 기간에 통제되는 해안길

운 해안이다. 오늘은 왔던 길을 되돌아 나왔다. 해군항공전단 삼거리에서 구룡포 방면으로 곧장 가다가 공항삼거리에서 횡단보도를 건넌 후, 석곡도서관 방면으로 향하다가 석곡문화원 앞을 지나 해파랑길 자전거 길을 따라서 도구해수욕장으로 갔다. 도구해수욕장에서 갈 수 없었던 해안길을 바라보았다. 저만치에서 빨간 옷을 입은 장병들이 훈련에 한창이었다. 든든한 군인들이 나라를 지켜주니 나는 이렇게 평화롭게 산책을 할 수 있는 것이다. 참으로 고맙고 감사하다.

비가 부슬부슬 내리기 시작했다. 바닷가 모래 위에 갈매기와 두루미도 날개를 접고 가만히 앉아 있었다. 우뚝 서 있는 흰색 두루미 앞에 회색 갈매기들이 옹기종기 모여 마치 머리를 조아리며 훈시를 듣는 것 같다. 군사훈련장에는 새들도 군인을 닮는 걸까. '서당 개 삼 년이면 풍월을 읊는다.'더니 군사훈련장에 있는 새들도 훈련을 하는 걸까. 자기 자리에서 꼼짝하지 않는 새들을 보니 매우 중요한 작전을 준비하는 시간인가 보다. 나는 오늘의 목적지를 향해 군인처럼 걸었다.

파도가 일렁이는 어렁불을 바라보며 소나무 숲을 지나고 길을 따라 다리를 건너 '임곡리'라 불리는 '숲실'에 이르렀다. '임곡(林谷)'은 '숲실'을 한자로 표기한 이름이다. '숲실'이란 말이 더 정겹다. 옛날에는 숲이 우거진 마을이었으리라. 이곳에는 조선시대에 해군기지인 임곡진이 있었다. 조선시대부터 시작된 군사시설이 오늘날 해병1사단이 주둔하는 것과 아무런 연관이 없다고 할 수 있을까.

마을 앞 방파제 벽에 '해파랑길을 걷다, 연오랑세오녀 설화마을'이란 글자와 함께 벽화가 길게 이어졌다. 마을 담장에 그려진 예쁜 그림들을 감상하며 '호텔마린' 앞에 왔다. 이곳은 '청룡회관'이라 불리었는데 최근에 이름이 바뀌었다. 청룡회관은 1973년 포항시 북구 죽도동에 건립하여 사용했으나 건물이 낡고 노후화되어 2000년 이곳에 새로 지어 옮겼다. 다양한 복지시설을 갖추어 현역해병대원과 퇴직 군인들뿐만 아니라 일반인들도 많이 이용한다. 이곳 카페에서 바라보는 영일만은 한 폭의 그림 같다. 정다운 사람과 나란히 앉아 차도 마시고 작은 목소리로 이야기를 나누며, 바다를 바라보는 추억을 만들고 싶은 작은 꿈을 가슴에 담은 채 '연오랑세오녀테마공원'에 왔다.

이곳은 《삼국유사》에 전해오는 연오랑과 세오녀가 일본으로 출발한 곳으로 추정하여 조성한 공원이다. 2018년 개관하였으며 전시관인 '귀비고'와 야외 신라마을과 다양한 볼거리와 산책로가 잘 조성되어 있으며 주변 경관이 수려하여 포항12경으로 선정되었다. 특히 이곳에서 바라보는 저녁노을은 아름답기로 소문났다. 하지만 오늘은 노을을 만날 수 없다. 하늘과 바다는 그 빛깔과 모습이 날마다 다르다. 우리의 삶도 그렇다. 똑같은 일상이 시작되지만 날마다 다른 하루를 맞이하고 보낸다. 쉼터에 앉아서 땀을 식히노라니 바다와 하늘과 바람이 선물처럼 다가왔다. 우산 위에 떨어지는 빗방울의 노래가 달콤했다. 이보다 멋진 선물이 있을까.

● 1코스 연오랑세오녀길

청림동행정복지센터~연오랑세오녀테마공원, 6.1km, 1시간 30분 소요

연오랑세오녀테마공원과 저녁노을

선바우길

    연오랑세오녀테마공원 주차장 해변 한켠에 있는 안내도를 살펴보고 마루계단을 내려갔다. 노랑·빨강 해파랑길 리본과 하선대·선바우길을 가리키는 이정표를 따라 마루길을 지나고 멍석길을 걷고 흙길을 따라

전망대에 올랐다. 출렁이며 달려와 깎아지른 절벽을 덥석 안았다가 흩어지고 또 안았다가 부서지는 파도, 마치 흥겨운 춤을 추는 것 같았다. 드넓은 영일만을 바라보니 창해역사(滄海力士) 전설이 떠올랐다.

옛날 일본에 힘센 역사가 있었다. 그는 일본 땅을 두루두루 다니면서 힘이 세다는 장수들과 대결하여 모두 항복시킨 후 조선으로 와서, 힘센 사람이 있다는 소문만 들으면 방방곡곡 달려가 힘겨루기를 했다. 어느 날 영일 운제산 대각봉에서 고향과 부모 형제를 생각하며 동해를 바라보고 있었다. 그때 등 뒤에 인기척이 나서 돌아보니 한 역사(力士)가 우뚝 서 있었다. 몸은 태산 같고, 눈은 혜성처럼 빛났으며, 팔·다리는 구리를 감은 것 같고, 키는 하늘을 찌를 듯했다. 이 역사는 "네가 일본에서 왔다는 역사인가?"라고 천둥같이 소리 질렀다. 그러자 일본역사는 "그렇다, 너는 누구냐?"라고 대답하자 "나는 조선의 창해역사다. 요즈음 이 나라 방방곡곡 돌아다니면서 힘을 과시하는 왜인(倭人)이 있다더니 바로 너구나, 어디 혼 좀 나봐라." 말이 떨어지기 무섭게 둘은 서로 던지고 치고 박고 싸웠다. 산이 뿌리째 흔들리는 것 같았고 바람과 먼지는 천지를 뒤덮었다. 공중에 날고 땅을 치며 싸우다가 일본역사가 넘어지면서 땅을 짚자, 땅이 움푹 내려앉았다. 순식간에 바닷물이 밀려와 호수가 되었는데 곧 영일만이라고 한다.

157년 신라 아달라왕 때 연오랑과 세오녀가 이 바다를 건너 일본으로 갔다고 한다. 바다는 평화와 전쟁, 때로는 노여움과 환희로 출렁거리기도 했으련만 수많은 사연을 품은 채 가만히 있었다. 오늘날 영일만은 해병훈련장이며, 포스코와 철강 공단의 선박들이 드나드는 국제 수·출입항이기도 하다. 전망대에서 짙푸른 바다와 해안 절벽을 감상하고 내려와 마루길을 지나고 대숲을 통과하여 잠시 자동차 도로 옆길을 걸어 내리막길로 들어서자 다양한 길이 이어졌다. 바다 위를 가로지르는 나무다리와 바위길·자갈길·모래길·시멘트길…. 천천히 걸었다. 사람살이에도 속도 조절이 필요하다. 희로애락에 따라 마음을 잘 다스려야 하듯이 말이다. 파도가 발아래로 다가와 물방울을 툭툭 던졌다. 천천히 가라고. 마을이 끝나는 곳 해안에 바위가 우뚝 서 있었다. '선바우'다.

포항시 남구 동해면 입암리 선바우. '입암(立岩)'은 '선바우'를 한자로 표기한 것이다. 선바우에서 먹바우까지 약 700미터 길은 호미반도 해안둘레길 가운데 가장 먼저 조성하여 개방했다. 선바우·폭포바우·안중근의사손바닥바위·왕관바위·킹콩바위·하선대·힌디기·먹바위 등 자연이 빚어낸 기기묘묘한 바위들이 해안에 펼쳐져 있었다. 같은 모양은 하나도 없었다. 화산으로 인해 형성된 역암·이암·응회암·현무암들도 관찰할 수 있고, 백토(벤토나이트)성분도 많이 함유하고 있어 지질학자들의 관심

입암리 선바우길(오른쪽에 우뚝 선 바위가 선바우다)

이 집중되는 곳이다. 바다 위 마루길을 걸으면서 해국과 눈향나무 군락도 만났다.

눈향나무는 '누운 향나무'라고도 하는데, 멸종위기 식물로 지정된 보호수다. 척박한 바위 벼랑에 뿌리내리고 자라는 강인함이 마치 독립군 같다. 벼랑 끝에서 활짝 핀 해국들을 보면 이 땅에 살아온 수많은 어머니들을 보는 것 같다. 가난을 부여잡고 희망을 노래했던 어머니의 어머니, 그 어머니들….

이곳에서 바라보는 일몰은 장관이다. 바다가 노을빛으로 물들면 경건해진다. 동쪽에서 해가 뜨고 서쪽으로 해가 지는 줄로만 알고 있었던 나는 이곳에서 일몰을 볼 수 있다는 말을 믿을 수 없었다. 하지만 어느 날 이곳에서 우연히 만난 저녁노을은 숨이 멎을 지경이었다. 포항의 노을은 여기만큼 아름다운 곳이 없을 것이다. 바다 위로 솟아오르는 찬란한 태양과 산 너머로 가는 그윽한 저녁노을, 태양은 빛의 언어로 나에게 긴 이야기를 들려주었다. 파도가 안단테로 추임새를 했다. 광활한 연주회에 초대받은 듯 했다.

용왕과 선녀가 행복하게 살았다는 전설을 간직한 '하선대'도 바라보고, 힌디기 앞에 멈추었다. 유난히 흰색을 띠는 큰 바위에 얕은 토굴 같은 곳도 보였다. 기도처였던가 보다. 옛날 노씨(盧氏)가 이 마을에 살기 시작하면서 잘 살 수 있게 되기를 바라는 뜻으로 '흥덕(興德)'이라 하였는데, 음이 변하여 '힌디기'로 불렸다 한다. 어떤 사람들은 화산활동으로 발생한 지형이라 화산 성분의 백토가 굳어서 흰 바위가 되었기 때문에 '흰언덕' 또는 '흰덕'으로 부르다가 '힌디기'로 변화되었다고도 한다.

선바우길에서 만난 일몰

자세히 살펴보니 기도처로 활용했을 법도 하다. 사람들은 마을과 가정, 개인의 안녕과 풍요를 기원했으리라. 신성한 빛을 띠고 있는 큰 바위에 의지하며 살았던 옛사람들을 생각하며 나도 두 손을 모았다. 마음 넉넉한 부자 되게 해 주세요~.

몽돌해변을 걸으니 소리가 아주 맑았다. 파도와 자갈이 빚어내는 합주회 같았다. 자연의 소리는 이토록 아름답지만 내 발자국 소리는 둔탁하다. 자연과 인간, 세월이 지날수록 아름다움이 그윽하게 빛나는 자연처럼 나도 그랬으면 좋겠다. 먹바우를 지나고 여인바위 길에서 아름다운 여인을 만났다.

여인바위(오른쪽 흰색 바위에 여인 모양 바위가 있다.)

파도와 바람이 빚은 목이 긴 여인은 먼데 바다를 바라보고 있었다. 누구를 기다릴까. 가늘고 긴 목과 목 뒷덜미의 둥근 선이 자연스럽다. 대만의 예류지질공원에서 본 여인상과 닮았다. 그곳에는 다양한 형상들이 여럿 있었지만 이곳은 홀로 있어 눈에 잘 띄지 않는다. 바닷물이 여인 앞으로 가까이 밀려올 때는 커다란 하트♡문양으로 달려와 흩어지곤 했다. 여인을 사랑하는 바다의 마음이 아닐까. 사랑, 아름다운 언어다. 전망대에 올라 걸어온 길을 뒤돌아보았다. 파도는 오래된 이야기를 후렴처럼 되뇌고, 여인은 한 곳만 응시하고 있었다. 목이 더 길어 보였다. 흥환간이해수욕장, 동그스름한 돌멩이 하나 두 손으로 가만히 감쌌다. 바다를 좋아해서 바닷가에 살았던 사람처럼 따스했다.

● 2코스 선바우길

연오랑세오녀테마공원에서 흥환간이해수욕장까지, 6.5km, 1시간 30분 소요

구룡소길

흥환리 간이해수욕장을 지나 일송정 숲 그늘에 앉았다. 커피를 마시며 솔바람에 온몸을 맡긴 채 바다를 바라보았다. 바다. 바다는 모든 것을 받아준다고 하여 '바다'라고 한단다. 내 슬픔을 슬며시 부려놓았다. 파도는 고요히 응답했다. '일어나라, 일어나라.' 나보다 더 힘겨운 상황이었음에도 굳건하게 살아온 사람도 있을 텐데⋯. 용기를 내어본다. 빈 찻잔을 배낭에 넣고 일어났다. 예쁜 나무 홍예교를 지나고 마을 앞을 지나면서 말목장성 비를 만났다. 비각 안에 비석 3기가 있는데 울목김부찰노연영세불망비(蔚牧金富察魯淵永世不忘碑), 일제조흥인군이영상국공최응영세불망비(一提調興寅君李領相國公最應永世不忘碑), 감목관민공치억영세불망비(監牧官閔公致億永世不忘碑)이다.

'울목김부찰노연영세불망비'의 '울목'은 '울산목장에서 장기목장을 관할했다'는 것을 알 수 있는 말이니, 울산목장에 소속된 장기목장을 관

리한 김노연의 공덕을 기리는 비석이고, '일제조흥인군이영상국공최응영세불망비'의 '흥인군'은 흥선대원군의 친형 이최응이다. 장기 목장성에 속한 7개 마을이 있었는데 모리배들이 세금을 많이 거두어 백성들이 살기 힘들어서 흩어지자, 흥인군이 그 폐단을 없앴더니 흩어졌던 백성들이 다시 모이고, 목장 전체가 편안하게 되었다고 하여 그의 공덕을 기리는 비를 세운 것이다. '감목관민공치억영세불망비'의 '감목관'은 목장을 관리하는 실무담당자를 뜻하니, 목장을 잘 관리한 민치억의 공덕을 기리는 비석인 셈이다. 한자로 표기한 비석은 이해하기 힘든다. 특히 요즈음은 한자를 모르는 사람이 많다. 한자를 만나면 아예 고개를 돌리는 경우도 있다. 어려운 한자보다 읽기 쉬운 한글로 비석을 만들어 두면 가까이에서 읽기도 하고 관심을 두지 않을까.

말목장성은 말이 울타리 밖으로 달아나는 것을 막기 위해 쌓은 성이다. 삼면이 바다인 호미반도에서 동서를 가로질러 돌을 쌓으면 천혜의 울타리가 만들어진다. 신라 시대 국영목장인 군마(軍馬)를 관리하기 위해 당시 세계 최대 규모로 조성했다고 전하지만 그 시기는 정확하게 알 수 없다. 《세종실록지리지》에 따르면 조선 시대 58곳의 국영목장 중의 한 곳이었으며, 장기목장에서 태어나고 기른 말이 조선 군마 가운데 가장 으뜸이었다고 한

말목장성 탐방로 안내문

다. 하지만 일제강점기 목장에 있던 말들을 일본군이 징발해 간 후, 사람들의 발길도 끊어졌다. 하지만 성의 흔적은 지금도 뚜렷하게 남아있다. 말갈기를 휘날리며 달리던 힘찬 군마들과 그 군마를 지키던 사람들의 이야기가 생각난다.

김일광 선생님의 청소년소설 《조선의 마지막 군마》의 학달비와 태양이, 그리고 울포 노인과 재복이의 모습이 떠오른다. 마지막 군마 태양이와 태양이를 자신의 분신처럼 여기는 재복이의 마지막 장면은 동해처럼 광활했다. 광활한 바다가 들려주는 노래를 들으며 길을 따라오니 장군바위가 우뚝했다. 재복이를 만난 것 같았다. 재복이와 태양이는 오늘도 바람을 가르며 어딘가에서 날쌔게 달리고 있으리라. 대춧빛 윤기가 반짝이는 태양이를 생각하니 내 발걸음도 가벼워졌다.

우뚝우뚝 솟은 노란 꽃들이 활력을 돋우었다. 천연기념물로 지정된 모감주나무다. 모감주나무는 '염주나무'라고도 한다. 진한 갈색의 단단한 씨앗으로 염주를 만들기 때문이다. 오어사 입구에도 이 나무가 있다. 어느 해에 열매를 몇 알 주워 염주를 만들려고 했으나 너무 단단해서 포기했다. 꽃이 떨어질 때는 마치 금빛 비가 내리는 것 같다고 하여 'Golden-rain-tree'라고도 한다. 봄에는 하얀색 병아리 꽃을 만나고, 비 내리는 날 노란 꽃비를 보러 또 와야겠다.

해안길을 걷다가 산길을 걷는다. 구룡소로 가는 길이다. 오르락내리락 산길을 걸으니 바다에 펼쳐진 바위들이 보였다. 구룡소다. 이곳에서 아홉 마리의 용이 승천하여 '구룡포'라는 지명이 생겼다는 전설이 있다. 겨울, 바람이 강하게 부는 어느 날, 이곳에 온 적 있다. 정말이지 용이

구룡소

하늘로 올라가는 것 같았다. 파도가 달려와 바위를 덮치고 물러가자 바위에서 분수처럼 물이 솟았다. 이러한 현상은 '머린포트홀'이라고 하는 해안형 돌개구멍이 있기 때문이라고 한다. 바다에 잠겨있는 바위에 구멍이 뚫려있어 곳곳에서 물이 솟구치면 마치 용이 물을 뿜어내는 것 같다. 오늘은 바다가 고요하여 그 모습은 볼 수 없다. 구룡소에는 큰 파도가 있는 날 와야 승천하는 용을 볼 수 있다.

   구룡소에서 내려와 대동배1리 버스승강장 앞에 있는 이정표를 살펴보았다. 대동배항으로 가는 길이 두 갈래였다. 해안길로 곧장 가는 길과 소나무 숲길이다. 숲길을 선택했다. 해안길은 여러 번 걸었지만 숲길은 처음이다. 처음 가는 길은 마음이 설렌다. 친절한 이정표의 안내를 따라 마을 안길을 걷다가 산길로 접어들었다. 호젓했다. 새들이 노래하며 길벗이 되어 주었다. 숲길은 다소 완만하며 안내판도 곳곳에 설치되어 있

모아이상

어 안전하게 걸을 수 있었다. 1.2km 숲길을 지나오니 도로변에 대동배 2리 표지석이 기다리고 있었다. 차도를 횡단하여 길을 따라 마을 앞을 지나고 바다 위 마루길을 걸으면서 '모아이상'을 만났다.

  모아이상은 칠레 이스터 섬 동남부 연안에 있는데, 모두 바다를 등지고 줄지어 서 있는 거대한 석상이다. 그 석상의 얼굴을 닮았다고 하여 붙여진 이름이다. 가까이에 다가서면 형상이 잘 드러나지 않지만 적당한 거리를 두고 보면 닮았다. 그렇다. 거리, 사람과 사람 사이도 적당한 거리가 필요하다. 너무 가깝게 지내다 보면 큰 상처를 입을 수도 있지만 적당한 거리를 두면 우정과 사랑이 더 오래 아름답게 이어질 것이라고, 파도가 일러주었다.

● **3코스 구룡소길**   흥환간이해수욕장에서 대동배항까지 6.5km, 2시간 소요

호미길

대동배3리 방파제를 지나 길을 걷다가 월보 서상만 시비(月甫 徐相萬 詩碑) 〈나 죽어서〉를 만났다. '대동배' '호미곶 등대불빛 따라 구만리 바닷물 찰박이는 저녁'… 시인은 죽어서도 가고 싶다고 하니 고향을 그리워하는 마음이 얼마나 깊었을지 조금은 알 것 같다. 치자빛 노을이 아름다운 해안이 한 폭의 그림 같다면 식상한 표현일까? 혼자서 이런저런 생각을 하며 걸어도 좋고 친구들과 두런두런 이야기를 나누며 걸어도 참 좋은 길이다. '호미반도 해안둘레길'은 '해파랑길'과 겹친다. 같은 길을 두 가지 이정표의 안내를 받는 셈이다.

'호미(虎尾)'는 범 꼬리를 가리킨다. 우리나라 지형이 연해주를 향해서 나아가는 범의 형상을 하고 있으며, 범의 꼬리에 해당되는 곳이기 때문에 지어진 지명이라고 한다. 어떤 사람은 농기구

월보 서상만 시비

해파랑길 표식과 호미반도 해안둘레길 표시

'호미'를 생각했다고 한다. 호미반도가 마치 호미 날과 비슷한 모양이니까 그렇게 생각 할 수도 있겠다.

호미숲 해맞이터 주변에 호미수회에서 심은 해송들이 푸르다. 범 꼬리에 털을 심듯이 심었다고 한다. 호미반도 해안둘레길에서 만난 소나무들은 대부분 사는 모습이 힘겨워 보였다. 울진과 강원도지역 해안길에는 소나무 숲이 무성한데 이 지역은 소나무가 뿌리내리고 살기 힘든 곳 인가보다. 푸르른 소나무 숲이 길게 이어진 해안길이면 더없이 멋지겠건만…. 자연은 한 장소에 모든 것을 충족시켜주지 않는가 보다.

사람도 그런 것 같다. 달리기 잘하는 사람과 노래 잘 부르는 사람, 요리 잘하는 사람, 이야기 잘하는 사람, 기획을 잘하는 사람…. 각기 다른 재능과 성품을 지니고 있으니 어떤 사람은 잘하고 어떤 사람은 못 하는 것이 아니다. 다를 뿐이다. 나처럼 혼자 다니기를 즐기는 사람이 있는가 하면 그렇게 하지 못하는 사람도 있다. 세상 사람 모두가 똑같이 한 가지 일만 잘한다면 어떤 세상이 될까. 소나무가 잘살고 있는 강원도지역 해안이나 그렇지 못한 호미반도 해안둘레길이나 모두 아름다운 우리 대한민국 땅이다. 아끼고 사랑하지 않을 수 있겠는가.

독수리바위

쾌응환호 조난기념비를 만났다. 1907년 초 일본수산강습소 실습선 '쾌응환호'가 우리나라 해안을 조사하기 위하여 동해안에 왔다가 구만2리 앞바다에서 좌초되어 교관 1명과 학생 3명이 사망했다. 이후 해상안전을 위하여 바다에 수중등대(지역 사람들은 '물등대'라고도 함)를 세웠다고

독수리바위   쾌응환조난기념비

한다. 1926년 당시 그 배에 함께 승선했던 사람들이 이곳에 '수산강습소 실습선 쾌응환호 조난기념비'를 세우고 해마다 참배를 해왔다. 광복 후 주민들이 철거하였으나, 1971년 어느 재일교포가 다시 세웠다고 한다. 바다는 아무것도 모르는 양 물장구만 찰싹찰싹 일으키고 있었다.

해안으로 내려가 독수리바위 가까이에 갔다. 파도와 바람이 빚은 독수리바위, 큰 독수리가 날개 접고 앉아있는 것 같다. 이곳에서 바닷가 사람들은 풍요와 안녕을 기원했다고도 한다. 2023년 6월 향토문화유산으로 지정된 '구만리 독수리바위'는 '까꾸리바위'라고도 부른다. 이곳에 과메기의 재료가 되는 청어가 많이 밀려올 때 까꾸리(갈고리의 방언)로 끌었다고 하여 붙여진 이름이란다. 이곳에서도 일몰을 감상할 수 있어 사진작가들에게 인기가 많다.

나도 이곳에서 석양을 바라본 적 있다. 내 하루의 흔적도 이처럼 아름다웠으면…. 이 세상 소풍 끝난 후에도 이런 빛 여운이었으면…. 나는 어디쯤 왔을까. 저무는 해변에서 부질없는 생각들을 했었다. 홍시 빛 윤슬 위로 작은 어선 한 척 지나갔다. 어부는 따스한 밥상이 기다리는 집으로 가리라. 보랏빛 평화로움이 끝없이 펼쳐졌다. 거대한 만다라 같았다.

우뭇가사리와 엿질금

호미곶광장으로 향했다. 마을 어귀에 이르자 아낙네들이 우뭇가사리를 말리고 있었다. 문득 마당에 보리 싹을 말려 엿질금(엿기름의 방언)을 만들던 어머님이 생각났다. 어머님은 대문 앞 텃밭에 보리를 가꾸셨다. 해수욕장이 개장되기 전에 보리 까끄레기의 따가움을 이겨내며 타작하

우뭇가사리 말리는 아낙네들

시고, 그 보리로 엿질금을 만드셨다. 보리를 껍질 채 큰 고무통에 담아 우물물을 길러 깨끗이 씻어 물에 불리고 싹을 틔워서 마당 한가운데 멍석을 펼치고 그 위에 싹튼 보리를 펼쳐서 말렸다. 싹이 난 보리들이 햇살을 받아 꼼지락꼼지락거리며 여물어지자 어머님은 방앗간으로 이고 가서 빻아 오시곤 했다. 그 엿질금으로 만든, 입술이 짝짝 들어 붙던 단술을 어디에서 맛볼 수 있을까.

옥수수염처럼 마르고 있는 우뭇가사리는 볼품 없어 보이지만 훌륭한 건강식품의 재료다. 우뭇가사리를 손질하는 아주머니는 친절하게 일러주었다. 마른 우뭇가사리를 깨끗이 씻어 물에 불리었다가 냄비에 담아 약한 불에 은근히 끓이면 형태가 없어지고 흐물흐물해진다. 그러면 그것을 채에 걸러 큼지막한 통에 내려서 굳히면 끝이다. 여름에 적당한 크기로 잘라 콩국물에 채 썬 우뭇가사리를 넣어 후루루~ 마시면 더위는 저~~ 바다로 도망간다. 양념장에 무쳐 먹어도 되고 초고추장에 찍어 먹어도 맛있다고~ 다이어트하는 사람들도 많이 먹는다고.

어촌에서는 바다에서 갖가지 해초들을 수확하고, 농촌에서는 밭에서 다양한 채소들을 가꾸고 거두어들인다. 어촌의 밭은 바다다. 잡초를 뽑아내듯 해산물들이 잘 자라도록 바다 안에 있는 바위를 닦기도 한다. 바다 밭은 해녀들이 메고 육지 밭은 아녀자들이 주로 호미로 멘다. 어촌 아낙네들의 바지런한 손길을 뒤로 하고 빨간색 등대 앞에 있는 트릭아트에서 사진도 찍고 방파제 끝까지 갔다 왔다.

호미곶 위판장과 해양경찰서 앞을 지나고 말끔한 마루길을 따라 오다가 국립등대박물관 가까이 해송 사이에서 이육사의 '청포도 시비(詩碑)'

를 만났다. '푸른 바다가 가슴을 열고 흰 돛단배 곱게 밀려서 오'는 모습이 보일 듯 했다. '청포도 시비'는 연오랑세오녀길과 동해면 행정복지센터에서도 만날 수 있다.

국립등대박물관

국립등대박물관은 국내 유일의 체험형 등대 전문박물관이다. 전시관, 체험관, 교육관, 역사관과 야외전시장을 갖추고 있다. 등대의 역사와 기능은 물론, 특히 체험을 통하여 항로표지와 선박운항 등에 관해 배울 수 있어서 어린이들에게 인기가 매우 높다. 세 살 손녀를 이곳에 데리고 왔더니 깡충깡충 뛰어다니면서 다양한 체험도 하고 아카이브에서 그림책을 보며 박물관 문을 닫을 때 까지 아주 즐거워했다.

우뚝 서 있는 하얀색 촛대 모양의 등대가 단정하고 아름다웠다.

호미곶등대

1908년 불을 밝혀 오늘날까지 바다의 길잡이 역할을 한다. 110년도 넘은 등대는 변함없이 임무를 수행하고 있다. 호미곶등대는 국제항로표지협회(IALA)에서 건축적 공법과 아름다움, 그리고 역사적 가치가 매우 높이 평가되어 '2022년 세계등대유산'으로 선정했다. 세계에서 네 번째, 국내에서 첫 번째로 지정되었다고 하니 더 단아하고 아름다워 우러러보았다.

이 등대는 시대에 따라 이름이 바뀌었다. 조선 후기 이 지역은 경주부 관할의 장기군이었다. 처음 등대를 만들고 '동외곶(冬外串)등대'라고 하였으나 일제강점기에 '장기갑등대'로 고쳤고, 1990년에 '장기곶등대'로 불리기도 했다. 1986년 대보면으로 바뀌면서 사람들은 '대보등대'라고도 하였다. 2001년 대보면을 호미곶면으로 변경하면서 '호미곶등대'라는 새 이름을 얻었다. 지금도 가끔 연세 드신분들은 '장기등대'와 '대보등대'라고 부르기도 한다.

어느 날 연세 드신 분들이 오셔서 왈가왈부하면서 호미곶등대를 가리키며 '대보등대'인지 '장기등대'인지 물으시기에 '장기갑등대, 장기곶등대, 대보등대, 장기등대, 호미곶등대 마카 가가 가입니다.(모두 그것이 그것입니다).'라고 했더니 '바라, 마카 가가 가라 안 카나(봐라, 모두 그것이 그것이라고 안 하나)' 하며 하회탈처럼 웃으셨다. 하나의 등대가 시대에 따라 이름이 바뀌었으니 어르신들끼리 언쟁이 있었던 모양이었다. 호미곶등대라고 불린지는 23년째이다. 백열여섯 살이 되는 등대지만 하얀 드레스 입은 소녀 같다.

등대박물관 관람을 마치고 해안 마루길 전망대에서 소년이 가리키는 방향을 바라보았다. 망망대해, 저 바다 너머에 우리 땅 독도가 있으리라. 바다에는 오른손, 육지에는 왼손이 마주보며 손바닥은 하늘로 향하고 있었다. 1999년에서 2000년으로 바뀔 때 우리 모두 두 손 마주 잡고 화합하면서 나아가자는 마음을 담아 만든 '상생의 손'이다. 마치 두 손으로 바닷물을 가득 떠서 흩뿌리고 시치미를 뚝 떼고 있는 것 같았다. 사람들은 바다에 있는 손을 배경으로 다양한 자세로 사진을 찍었다. 그 모습은 온종일 구경해도 재미있을 것 같았다.

갈매기들이 손가락 끝에 앉았다가 날아가곤 했다. 손가락 끝에 한 마리씩 앉아있는 모습을 찍으려니 인내심이 많이 필요했다. 약지에 한 마리만 더 앉으면 다섯 마리가 될 터인데, 약지에 한 마리가 앉자 엄지손가락에 앉아있던 녀석이 훌쩍 날아가 버렸다. 육지에 있는 손을 보러갔다.

호미곶 해맞이광장

손 앞에 3기의 '새천년 영원의 불'이 있었다. 1999년 12월 31일 변산반도 일몰 시에 채화한 불씨와 2000년 1월 1일 영일만에서 떠오르는 태양에서 채화한 불씨, 그리고 남태평양 피지에서 채화한 지구의 불씨가 살아 일렁이고 있었다. 이 불씨들은 성화로 활용되기도 한단다. 광장에는 이외에도 볼거리들이 많았다. 햇빛채화기, 연오랑세오녀상, 떡국 끓이는 솥과 아기자기한 전시물들이 나무 아래에서 길손들을 기다리고 있었다.

이곳에서 매년 1월 1일 새해 한민족해맞이 축전을 개최한다. 20만 명이 넘는 인파가 새해 첫날 떠오르는 태양을 맞이하러 오는 명소다. 코로나19로 인하여 해맞이 축전이 취소되었을 때도 해를 맞이하는 사람들의 발길은 끊이지 않았다고 한다. 아마도 우리는 태양을 숭배하는 민족일지도 모른다. 특히 일출의 신, 재생과 창조를 관장한다는 '케프리'를 숭앙하는 후예가 아닐까, 그렇지 않다면 20만 명이 넘는 인파가 그 추운 겨울날, 밤을 꼬박 새우며 과연 새해 첫날 떠오르는 태양을 맞이하러 올까?

나도 몇 번 해맞이축전에 왔었다. 지금은 경관농업을 조성하여 계절에 따라 유채꽃·메밀꽃·해바라기들이 장관을 이루는 논에 주차를 했었다. 광장에는 난로를 피운 임시 천막이 설치되고, 다양한 행사들이 열렸다. 나는 바다에서 육지로 오면서, 육지에서 바다로 향하는 사람들을 마주하며 걸었다. 정말이지 그 인파에 멀미가 날 정도였다.

새천년기념관 전망대에서 바라본 호미곶 전경

그동안 해맞이 행사는 다양했었다. 서울대공원에서 생후 2~3개월 된 새끼호랑이를 데리고 온 적도 있다. 호랑이는 사육사와 함께 서울에서 비행기를 타고 와서 영일대해수욕장 인근의 호텔에서 숙박을 한 후, 다음날 호미곶까지 탑차를 이용했다고. 호랑이가 관광객들 사이로 돌아다녀서 사육사가 잡았다고 한다. 이외에도 연날리기, 마라톤대회, 게릴라 콘서트, 드라마 촬영, 국토대장정 출정식 등 다양한 행사가 오늘날까지 이어지고 있다. 실로 광장은 다양한 일들이 펼쳐지는 곳이다. 광장을 가로질러 새천년기념관에 들렀다.

1층 로비에는 포항의 옛 사진이 전시되어 있고, 전시실 '빛의 도시 포항속으로'에는 포항의 역사를 알 수 있는 영상과 사진 자료들이 전시되어 있었다. 2층 화석전시실에서 고생대와 신생대에 살았던 생명체들의 신기한 모습도 관찰할 수 있었다. 3층에서 다양한 모양의 수석을 관람하고 전망대에 올라 광장과 호미곶 주변을 내려다보았다. 광장에 가득 음악이 흘렀다. 여행의 즐거움이 더해졌다. 과연 포항 관광 1번지답게 여행객들이 붐볐다. 4코스로 나누어져 있는 호미반도 해안둘레길 마지막 지점은 풍성했다. 길을 걸으며 많은 것들을 보고 느끼며 생각했다. 길은 나의 스승이고, 삶의 나침반이다.

● 4코스 호미길

대동배항에서 호미곶광장까지 5.6km, 1시간 30분 소요

영일만 남파랑길

'영일만 남파랑길'은 '호미반도 해안둘레길 5코스'라고도 한다. '남파랑길'은 우리나라 남해 해안길, '서해랑길'은 서해 해안길, '해파랑길'은 동해 해안길의 이름이다. '영일만 남파랑길'은 호미곶에서 두원리까지 영일만 남쪽 해안길 39km를 가리킨다. 하루에 걷기에는 힘든 거리다. 호미곶에서 구룡포까지, 두원리에서 구룡포까지 나누어서 걸었다. 호미곶 상생의 손 앞에서 구룡포 방면으로 걷기 시작했다.

영일만 남파랑길 표지판

호미곶에서 구룡포

바다는 날마다 다르다. 같은 길이라도 걸을 때 마다 느낌이 달라 오늘도 새롭다. 바람에 나부끼는 '해파랑길' 리본과 '호미반도 해안둘레길'을 표시하는 갈색 이정표를 따라 바다와 손잡고 걷노라면 '아, 좋다'라는 말이 절로 나온다. 걷다 보면 몸도 마음도 저절로 가벼워진다. 얽히고설켰던 생각들이 바다처럼 훤해진다. 걸을수록 생각이 단순해지고 마음이 명랑해지니 걷고 또 걷는다.

오늘도 길의 부름을 거역할 수 없었다. 배낭을 메고 집을 나서니 '또 가? 왜 걸어?'라고 물었다. '그냥 걷지요.'했다. 솔직한 대답이었으나 이해가 안 되는 모양이었다. 계절마다 다른 풀과 나무와 꽃과 바다, 바람, 하늘, 구름을 바라보며 그냥 걷는다. 보이는 대로 보고, 생각이 흐르는 대로 생각하며 발이 움직이는 대로 간다. 남편이 말하는 '거리귀신'이 정말 나에게 붙었는지도 모르겠다.

'퓨전화장실'을 만났다. 배치도와 사용방법이 상세하게 적혀있었다. 전통재래식 화장실에 현대적 감각을 덧입혀서 만든 화장실이었다. 망설이다가 들어가서 체험을 해보았다. 오래오래 기억에 남을 것이다. '퓨전'이란 '서로 다른 것들을 섞어서 새롭게 만드는 것'이라는 뜻이다. 퓨전음식·퓨전음악·퓨전문학이란 말은 익히 들어왔지만 퓨전화장실은 새로운 발견이었다. 길을 걷다보니 빨간색 경고문이 자주 눈에 띄었다.

무단으로 해산물을 채취하는 사람들이 많은 모양이다. 땅도 주인이 있지만 바다도 주인이 있다. 주인 허락 없이 농토에 심어둔 과일이나 채소, 곡식들을 가져가는 것이나 바다에서 가꾸는 해산물을 잡아가는 일은 도둑이나 다를 바 없다. '세 살 버릇 여든 간다.'는 속담도 있듯이 어릴 때부터 남의 물건에 손대는 일은 하지 말아야 한다. 어촌계의 허락 없이 해산물을 채취하면 '2년 이하 징역 또는 200만 원 이상 2000만 원 이하의 벌금을 처하겠다'는 경고문이다. 이런 경고문들은 언제쯤이면

바다를 바라보는 딸의 뒷모습

사라질까. 파도가 응답 해주었다. '쏴아~ 쏴아~!!'

바위 위에 자그마한 비석이 바다를 향해 서 있었다. 가까이 가서 살펴보니 1988년 수중탐사를 하다가 목숨을 잃은 딸을 기리는 어머니의 아픈 마음이 새겨진 비석이었다. 어머니는 딸이 바다를 바라보며 앉아있곤 하던 자리에 비석을 세워두고 딸을 보듯 바라보고 어루만지기도 하리라. 얼굴도 이름도 모르지만 엄마의 마음으로 비석을 쓰다듬고 먼바다를 바라보았다. 파도가 고요히 밀려왔다 가만히 밀려가곤 했다.

강사리에서 '다시 태어나더라도 이곳에 살고 싶다'는 송목 박광훈 시비(松木 朴光勳 詩碑)도 읽고, 돌담이 정겨운 마을도 지나고, 어린 해송들이 뿌리를 내리고 있는 해안길을 걷노라니 바다 양식장이 여러 곳에 있었다. 영일만 북파랑길에서는 보기 드문 시설이다. 일제강점기 일본인들이 구룡포를 어업전진기지로 삼은 이유도 알 듯했다. 바다는 거대한 보물 창고 같고, 또한 어머니의 품속 같다.

갈매기 한 마리가 바다 위를 날았다. 아, 자유, 나도 새처럼 날고 싶다. 요즈음도 나는 가끔 새처럼 날아다니는 꿈을 꾼다. 이 나무에서 저 나뭇가지로 포롱포롱 날아다니기도 하고, 날개를 접어 높이 오르기도 하고, 어떤 때는 그물 사이로 유연하게 빠져나가기도 한다. 꿈에서 깨어나면 묵직한 어깨와 무거운 몸뚱어리가 침대에 덩그러니 남아 있지만 마음은 소녀가 된다. 다시 태어난다면 새로 태어나고 싶다. 새가 된 마음으로 다무포에 왔다.

옛날 이곳에 나무가 많아서 숲만 무성하고 없는 것이 많은 포구라 하여 '다목포(多木浦)' 또는 '다무포(多無浦)'라고 했다고 한다. 고래가 많이 잡혔다고 하여 '다무포 고래마을'로도 알려진 이곳은 최근 드라마 촬영지로 알려지면서 여행객들이 찾아오기도 한다. 하얀색 담이 이색적이었다. 유럽의 어느 한적한 마을 같았다. 벽화를 그리는 것도 좋지만 그림을 그리지 않고 한 가지 색으로 채색하는 것도 매력 있어 보였다.

지난여름에 다녀온 퍼플섬이 생각난다. 섬에 들어가는 초입부터 온통 보랏빛이었다. 마을버스, 섬과 섬을 잇는 다리, 지붕…. 보라색 옷을 입은 사람은 입장료도 없었다. 나는 보라색 모자를 쓰고, 보라색 티셔츠와 바지를 입고, 보라색 장갑을 끼고, 보라색 양산을 들고 보라색 섬을 거닐었다. 이곳 다무포는 하얀 마을이니 하얀 옷을 입은 사람들만 다니면 어떨까? 보라섬에는 보라색 옷 입은 사람, 하얀 마을에는 하얀색 옷 입은 사람이…. 만화 같은 생각을 하며 그냥 걷는다.

전남 목포시 신안군 퍼플섬 전경

길에서 만난 사람들

구룡포에서 호미곶 방면으로 걸어오는 두 사람을 만났다. 서울에서 온 사람인데 양포항에서 하룻밤을 자고 새벽부터 걸어서 다무포까지 왔단다. 아침도 먹는 둥 마는 둥 해서 배가 무척 고프다며 가까운 곳에 음식점이 있는지를 물었다. 음식점은 있지만 중국음식만 팔았다. 한 사람은 짜장면이라도 먹으려 했고, 한 사람은 중국음식은 먹지 않는다고 했다. 그러자 한 사람은 나는 짜장면이라도 먹어야 되겠다, 너는 밖에서 기다려라, 하며 음식점 안으로 들어가더니 다시 나와서 볶음밥이라도

먹으라고 청했다. 그는 먹지 않는다는 말만 힘없이 되풀이했다. 짜장면을 먹으려고 식당에 들어가더니 다시 돌아 나왔다. 가다 보면 적당한 식당이 있겠지, 하면서. 배고픈 동료를 두고 혼자서 음식을 먹을 수 없었나 보다. 사정이 딱해 보였다. 배낭에서 떡을 꺼내어 드렸더니 두 사람은 떡을 들고 해맑은 아이처럼 표정이 밝아졌다. 따스한 밥을 먹을 때까지 허기는 면할 수 있으리라 여기니 내 마음이 가벼웠다. 나는 남쪽으로, 그들은 북쪽으로 갔다.

언젠가 해파랑길을 걷는 70대 중반으로 보이는 두 사람을 만난 적이 있다. 750km를 완보(完步)하려면 두 사람이 걷는 게 가장 좋다고 했다. 혼자는 외롭고 여러 명이면 갈등이 생기고 일정 맞추기도 힘드니 마음 맞는 사람 둘이서 걷는 것이 가장 바람직하다고 했다. 오늘 만난 두 사람은 힘든 여행을 하면서 식성이 저렇게 맞지 않으니 참 불편하겠다는 생각이 들었다. 하지만 그들은 매월 두 번, 2박3일 휴가를 맞추어서 해파랑길을 완보할 거라고 했다. 이해가 되지 않았으나 음식을 제외한 다른 부분은 마음이 척척 맞으리라. 세상에는 어찌 나와 똑같은 사람 있을까.

하긴 나도 그렇다. 남편과 나는 취미가 달랐다. 남편은 바다낚시를, 나는 산을 좋아했다. 남편은 힘들게 올랐다가 내려올 산에 왜 가느냐 하고, 나는 망망대해에서 낚싯대를 잡고 가만히 앉아있는 것이 지루하고 답답했다. 낚시를 세 번 가면 한 번은 산에 가기로 약속을 하고 아이들과 함께 낚시를 세 번 갔지만 남편은 산행 약속을 지키지 않았다. 그래서 나는 아이들만 데리고 산에 다니곤 했었다. 그럭저럭 서른다섯 번의 봄날이 훌쩍 지나가도 함께 살고 있으니 식성은 다르지만 해파랑길을 완보하겠다는 두 사람의 마음도 알만했다.

하루에 평균 20km이상을 같이 걸을 수 있는 사람은 드물다. 무릎이 아프다, 허리치료 중이다, 숨이 차서 오래 걸을 수 없다…. 모두 사정이 있다. 장거리 걷기는 무엇보다 체력이 되어야 한다. 거기다가 생각까지 비슷한 사람이 있다면 그보다 더 환상적인 짝은 없을 것이다. 그런 짝이 없을 때 나는 가끔 혼자 걷기도 한다.

몽돌로 이어지는 해변, 청량한 바람에 땀을 식히며 수행자처럼 걷는다. 바위와 바위 사이에 바닷물이 들며 나며 우렁찬 소리를 내었다. 파도가 밀어낸 미역을 주워 비닐에 담아 배낭에 넣었다. 오늘 저녁 식탁엔 바다향이 가득하겠다. 그냥 걷는다고 하더니 이런 걸 가져 왔느냐며 좋아하겠지. 지나온 길을 돌아보았다. 파도는 여전히 바위를 쓰다듬고 바위는 파도를 맞이하고 또 보내고 있었다. 식성이 맞지 않는 두 사람, 티격태격하며 잘 가고 있으리라.

몽돌·바윗돌·모래 위를 걷다가 포장된 길을 걸으니 사뿐사뿐했다. 문득 육상선수였던 친구가 생각났다. 친구는 해수욕장 모래사장을 셀 수 없이 달렸다. 그러다가 운동장에서 달리면 정말 날아갈 듯이 달려진다고 했다. 나도 따라 해 보았지만 발이 모래에 푹푹 빠져서 달리기는커녕 걷기도 제대로 할 수 없었다. 늘 활기에 넘치던 그 친구가 그립다. 언제 한번 그때 그 바닷가 모래사장에서 맘껏 뜀박질하고 싶지만 마음뿐이다. 최근 그 친구는 발목 수술을 했기 때문이다. 이제는 추억을 그리워하며 사는 나이가 되었나 보다.

창고처럼 생긴 군사시설 담 옆 보리밭을 지났다. 한흑구 선생의 수필 '보리'가 떠올랐다. '보리, 너는 항상 순박하고, 억세고, 참을성 많은 농부들과 함께, 이 땅에서 영원히 사라지지 않을 것이다.' 농부가 점점 줄어드는 세상이니 보리도 점점 사라지는 것이 아닌가 싶다. 요즈음 보리는 식량이 아니라 사료용으로 재배한다고 한다. 보리의 강인한 생명을 노래한 아름다운 수필을 생각하며 석병2리에 도착했다.

마을 앞에 있는 성혈바위를 둘러보고 걷다가 맞은편에서 걸어오는 부부를 만났다. 아내는 뚱뚱한 편이고 남편은 날렵하게 보였다. 앞서 걷는 남편을 숨 가쁘게 뒤따라 걸어온 아내가 호미곶까지 가려면 얼마나 더 가야 되느냐고 물었다. 두 시간 반 정도 걸린다고 했더니 웃으며 남편을 따라 씩씩하게 걸어갔다. 힘은 들지만 즐거운가 보다. 뒤뚱뒤뚱 따라가는 모습이 아름다웠다. 나는 다른 사람에게 어떤 모습으로 보일까.

동쪽 땅끝마을

'석병(石屛)'은 해안에 깎아 세운 듯한 암벽이 마치 병풍을 닮았다고 하여 부르게 된 지명이라고 한다. 육지에서 바다를 내려다봐서 그런지, 내 눈이 어두워서 그런지 병풍 같은 바위는 보이지 않았다. 하지만 바다에서 육지로 바라보면 해안에 펼쳐진 바위들이 병풍처럼 보일 듯도 했다.

전망 좋은 곳에 카라반 캠핑장이 여행자들을 기다리고 있었다. 시대가 변화하면서 여행의 형태도 많이 달라졌다. 캠핑용 차량이 우리나라를 누비기 시작한 지도 꽤 되었다. 20여 년 전 한 지인은 퇴직 후, 1톤 트럭을 한 대 장만해서 숙박할 수 있는 장비를 싣고 다니면서 여행한다고 했다. 당시 부러움의 대상이었다. 요즈음은 여행지에서 만나는 캠핑 전용차도 낯설지 않다. 내가 운전하는 자동차도 SUV차량이다. 언젠가 용기를 내어 차박 여행에 도전해 봐야겠다.

일출로를 걷는다. 떠오르는 해를 가장 먼저 볼 수 있는 길이다. 그래서 '일출'을 도로명으로 삼았나 보다. 일출은 그야말로 찬란하다. 검은빛 바다가 잘 익은 호박 속처럼 물 들면 마침내 붉은 알이 힘차게 솟아올랐다. 바다에서 맞이하는 태양은 장엄하다. 토함산에서 맞이한 일출도 잊을 수 없다. 새해 첫날이었다. 먼데 산 너머 하늘이 홍당무 빛으로 밝아지더니 태양이 서서히 돋아나 마침내 서라벌을 환하게 비추었다. 천년의 수도는 금빛으로 다시 깨어나는 듯 했다.

최근 미국의 잠수전문가가 바다 속에 설치되어 있는 캡슐에서 74일 동안 생활하여 신기록을 남겼다고 한다. 그동안 가장 그리웠던 것이 '태양'과 '일출'이었다고 했다. 태양은 모든 생명체를 일깨우는 근원이다. 포항은 바다의 일출을 가까이에서 맞이할 수 있으니 과연 빛의 도시라고 할 만하다. 《삼국유사》에 전해오는 연오랑세오녀 설화뿐만 아니라 해가 뜰 때부터 질 때까지의 모습이 마을 이름에도 표현되어 있다.

태양이 어둠을 밝히기 시작하였다는 '희날재', 여명이 반사되어 금빛으로 보인다는 '금광리', 들판의 곡식을 비추는 빛이 옥처럼 아름답다고 하여 '옥명리', 해가 중천에 떠있다고 하여 '중명리', 햇빛이 등불처럼 약해졌다고 '등명리', 해가 물러났다 하여 '퇴화현(退火縣)'이라 한다.

1995년 시·군 통합되기 전에는 포항시와 영일군으로 나누어져 있었

동쪽 땅끝 안내문

동쪽 땅끝 표지석

다. 영일(迎日), 해를 맞이하는 고장이라는 지명이 있었으나 포항시로 통합되면서 남구와 북구로 구분되는 바람에 '영일'은 없어졌다. 안타깝다.

땅끝마을이 가까웠다. '땅끝마을'이라면 전라남도 해남이 먼저 생각난다. 하지만 우리나라는 삼면이 바다로 둘러싸여 있기 때문에 동쪽·남쪽·서쪽 모두 땅끝이 있다. 서쪽은 태안 변산반도, 남쪽은 전라남도 해남, 동쪽은 포항 구룡포다. 이정표를 따라갔더니 큰 개가 지키는 바다양식장 너머 바위섬에 동그란 구조물이 보였다.

주인의 허락을 받고 고요히 조심스레 양식장을 지나 땅끝마을 표지석 가까이로 갔다. 갈매기들과 지구본 모양의 표지석이 땅을 지키고 있었다. 땅이 끝나는 곳에 바다가 열렸다. 길이 끝나는 곳에 또 다른 길이 이어지듯이. 오래 머물러 있을 수 없었다. 왔던 길을 되돌아 조용히 나와 양식장 주인님께 인사를 드리고 구룡포 방면 해안길을 걸었다. 최근에는 축양장 옆에 설치해둔 주차장에서 땅끝마을 안내문과 바위섬에 있는 표지석을 바라볼 수 있도록 해 두었다. 자유롭게 땅끝마을 표지석을 만날 수 있으면 얼마나 좋을까.

석병1리, 포항시 남구 일출로 204번길 일대, 빨간 등대가 지키는 항구에 왔다. 이곳은 2021년 인기리에 방영된 드라마 '갯마을 차차차'에 등장하는 사람들이 사는 마을로 촬영되었다. 언덕 위 아담한 집들과 휘어진 골목길이 아름다운 해안마을이다. 드라마 촬영지를 찾아오는 사람들로 고요하던 마을에 활기가 돈다. 홍반장과 치과의사, 통장 아줌마와 삼총사 할머니들과 가족들이 오순도순 티격태격 정답게 살아가는 공진마을 사람들의 모습이 보이는 듯했다. 드라마 촬영지에서 그 장면들을 추억하고 기념하는 것도 여행의 또 다른 즐거움이다. 돌담, 사립문, 나무 대문, 자물통, 문패와 우편함…. 불규칙이 정겨운 길이었다.

마을 쉼터에서 다리쉼을 한 후 다시 걷기 시작했다. 보랏빛 해국이 방긋방긋 인사했다. 이 일대도 해국 군락지이다. 해변에 피는 국화라 하여 '해변국화'라고도 한다. 꽃말은 '기다림'이란다. 누구를 기다릴까, 무엇을 기다릴까, 잎들이 도톰하게 부풀어 있다. 기다리는 임 소식 아직 없는 걸까.

바람을 보는 곳 · 주상절리

저만치에 작은 섬이 보였다. '관풍대(觀風臺)'다. 바람을 보는 곳, 바람은 어떤 모습일까. 무슨 색깔일까. 섬과 연결된 다리를 건너 관풍대에 갔다. 과연 이름답다. 바람이 달려와 나뭇잎을 흔들었다. 바람은 파랑과 초록, 하얀빛을 뿌리고 금세 사라졌다 다시 돌아 오곤 했다. 현대식 건물이 있어 그 운치가 덜한 것 같았다. 바람을 볼 수 있는 나무집이 있으면 더 멋지지 않을까. 어쩌면 아무런 시설물이 없으면 바람이 더 잘 보일 수도 있겠다.

바람과 함께 삼정항으로 왔다. '삼정(三政)'은 이 마을에서 세 명의 정승이 살았던 곳이라 하여 부르는 이름이다. 바다 안에 주상절리가 넓게 펼쳐져 있었다. 경주와 울산 해안에서도 주상절리를 볼 수 있지만 포항에도 형태가 뚜렷한 절리를 볼 수 있다. 이곳은 용암이 사선으로 분출되는 순간이 그대로 멈춘 것 같다.

포항에는 육지에도 천연기념물로 지정된 주상절리가 있다. 포항시 남

구룡포 삼정리 주상절리

구 연일읍 달전리 산19-3 일대에 신생대 제3기, 약 200만 년 전에 용암이 땅 위로 솟아올라 흘러내리면서 곧바로 멈춘 모습이다. 육각형을 이루는 주상절리들이 높이20m, 폭100m 넘으며 약80°경사를 이루며 펼쳐져 있다. 현장에는 떨어져 굴러 내려온 절리들을 모아 돌탑을 쌓아두기도 했다. 주변 산책로에서도 곳곳에 주상절리들을 볼 수 있다. 특별한 보호 시설이 없어 볼 때마다 애가 탄다.

  멍석길이 깔려 있는 전망공원에서 해안으로 내려가 가까이에서 주상절리도 살펴보고 구룡포 해수욕장도 바라보았다. 해안길을 따라 구룡포 등대가 있는 방향으로 걸었다. 이 길은 구룡포와 호미곶을 잇는 중심 도로였지만 직선도로가 개통되면서 다소 한산해졌다. 나는 구불구불한 옛길을 좋아한다. 외할머니의 품속 같이 느껴지기 때문이다.

구룡포

하얀색 등대 옆을 지나고 길을 따라 일본인 가옥거리에 들렀다. 구룡포에는 1900년 초부터 일본인이 거주했다고 한다. 그들은 구룡포항을 어업 전진기지로 삼으며 살다가 제2차 세계대전에서 패하면서 일본으로 떠났다. 당시 이 마을의 중심이 되었던 사람은 '하시모토 젠기치'와 '도가와 야스브로'였다고 한다. '구룡포 근대역사관'은 1920년대부터 '하시모토 젠기치'가 살던 집이었으나 광복 후 개인 소유로 유지되다가 2010년부터 포항시에서 관리하며 집 안에도 들어가서 볼 수 있게 해 두었다.

2층 건물 근대역사관을 관람하고 역사관 담을 따라 휘어진 골목길을 올라가니 아라예술촌이 있었다. '아라'는 순우리말 '바다'라는 뜻이다. 구룡포 동부초등학교였으나 아이들이 없어 폐교되고 지역민들을 위한 문화센터로 바뀌었다. 예술촌 입구 높다란 느티나무 아래 그늘에서 마을을 바라보았다. 다닥다닥 이마를 맞대고 있는 지붕과 지붕들 사이로 미로처럼 이어진 골목길로 아이들은 언덕 위에 있는 이 학교에 다녔으리라. 때로는 다투기도 하고 숨바꼭질도 하고 이별도 했으리라. 좁다란 골목길에 그들의 사랑과 아픔, 낭만의 추억이 소복소복 쌓여있으리라. 바다가 훤하게 내려다보이는 느티나무를 지나 과메기 문화관으로 갔다.

과메기 문화관은 일제강점기 일본인 자녀들만 다녔던 심상소학교가 있던 곳이라고 한다. 먼저 전망대에 올랐다. '어화만대(漁花萬臺)'라 적혀 있었다. 밤바다에 고깃배들이 꽃처럼 불을 밝히고, 고기를 가득 실은 배들이 항구로 돌아오는 모습을 바라보는 곳이라는 의미이리라. 만선(滿

과메기 문화관

船)한 어선들이 뱃고동소리 울리며 항구로 줄지어 돌아오는 모습, 장관이었을 것이다. 요즈음은 옛날처럼 고기가 많이 잡히지 않는단다. 예전에 고기를 많이 잡은 날은 항구가 시끌벅적 들썩들썩했다고 한다. 그런 날 또 올까. 전망대에서 끝없이 열려있는 바다를 바라보고, 공사 중인 한옥단지도 바라보았다. 옛 모습이 점점 사라지고 있었다. 전망대에서 내려오면서 3층 2층 1층 전시실에 들러 문헌에 기록된 과메기의 유래와 구룡포 옛 모습들과 다양한 체험시설 등을 관람했다. 특히 어린이들을 위한 시설이 많았다.

  골목에 있는 벽화를 구경하며 내려오니 오른쪽 길모퉁이에 드라마 〈동백꽃 필 무렵〉의 동백이가 살았던 집이 있었다. 아담한 집 앞 계단에 앉아 동백이와 용식이가 마주 보며 앉아있는 사진이 설치되어 있고, 똑같은 모습으로 사진을 남기는 발랄한 젊은이들이 보기 좋았다.

구룡포공원에 우뚝 서 있는 비석이 있는데 앞면이 시멘트로 발라져 글씨는 볼 수 없었다. 일본에서 가지고 온 규화석에 새긴 '도가와 야스브로 송덕비'라고 한다. 그는 1930년대 구룡포항 방파제 건설에 중심이 된 사람이라고 한다. 송덕비 앞에는 1960년대 인기가수였던 조미미와 이미자가 부른 구룡포 노래가 새겨져 있었다. 1968년 가수 이미자가 부른 '구룡포 처녀' 노랫말에 '동백꽃 꺾어 들고 달려가건만 / 무정한 구룡포에 내님은 없네' '연자빛 동백꽃은 피고 지건만 / 님 오실 뱃길에는 파도만 치네' 라고 한다. 이곳에서 촬영한 드라마 '동백꽃 필 무렵'이 오십여 년 전 유행했던 대중가요를 드라마가 되살린 것 같다. 1967년 가수 조미미가 부른 '구룡포 사랑'에는 해당화가 등장하니 당시 구룡포 해안에는 동백꽃과 해당화가 피고지고했나 보다.

공원에서 내려오면서 드라마 주인공들이 앉았던 계단에서 주인공처럼 사진을 찍는 여행객들도 만났다. 즐거운 모습들이었다. 서로 바라보는 이 순간의 눈길이 서로를 향해 오래오래 머물기를 바라며 계단을 내려왔다. 계단 양쪽 작은 돌기둥에 한국인의 이름이 새겨져 있었고, 뒷면은 시멘트로 덧칠되어 있었다. 가려진 뒷면에는 일제강점기 일본인들의 이름이 새겨져 있었다고 한다. 하지만 단 한 사람, '도가와 야스브로(十河彌三郞)'의 이름은 덧칠되지 않았다. 그 이유는 무엇이었을까.

거리에는 일본 분위기가 물씬했다. 마치 오사카 어느 골목길을 걷는 것 같았다. 음식점과 가게, 가정집들이 이어져 있었고, 건물 벽에는 당시의 흑백사진이 붙어있었다. 이발소·과자점·미곡점·포목점·요리점·목욕탕·수산물 중매점·어업회사·사무소·유희장·완구점·선박 관련 물품

취급가게·한인병원들이 있던 자리에 주택·잡화가게·게스트하우스·찻집·여행자센터·세탁소·옷가게·식품가게·식당 등으로 변신했다. 거리를 산책하며 구경하다가 길게 줄을 서서 기다리는 사람들을 만났다.

드라마 〈동백꽃 필 무렵〉에 등장했던 '까멜리아'였다. 주인공의 이름을 딴 샌드위치 '용식샌드'와 '동백샌드'도 팔았다. 옆에는 서점과 찻집이 성황이었다. '까멜리아'는 '동백나무'라는 말이다. 거리 곳곳에 동백나무가 있는 이유를 알 듯도 했다. 1960년대 '구룡포 처녀'가 꺾어 들고 님에게 달려갔던 꽃. 빼앗겼던 땅에 꽃이 피고 나무가 자라서 푸른 숲이 되려는 구나. 암울했던 날들 위에 희망이 날개짓하고 있었다.

구룡포 일본인가옥거리

기웃기웃 구경하며 일본인 가옥거리를 산책한 다음 횡단보도를 건너 아라광장으로 갔다. 공연장은 비어있었다. 등을 기댈 수 있는 타일로 장식된 물결 모양의 긴 의자가 곳곳에 있었다. 스페인 바로셀로나 구엘공원에서 보았던 안토니 가우디가 깨진 타일 조각을 활용해 모자이크로 장식해서 만든 곡선 벤치와 흡사했다. 포항 구룡포에서 안토니 가우디의 작품과 흡사한 벤치를 만나다니…. 놀랍고 반가웠다. 얼른 벤치에 앉아서 구엘공원을 생각하며 주변을 둘러보았다. 정박한 어선과 주차된 자동차 사이로 지나가는 사람은 많았으나 벤치에 앉는 사람은 없었다.

아라광장 타일벤치

스페인 구엘공원 타일벤치

두원리에서 구룡포

도보여행을 하다보면 시작하는 곳과 도착하는 곳의 교통편과 숙소, 음식점 등을 염두에 두지 않을 수 없다. 구룡포에는 이런 시설들이 잘 갖추어져 있지만 두원리는 그렇지 못하다. 그래서 두원리에서 시작하여 구룡포항에 도착하기로 했다. 6월 초, 녹음이 싱그러운 날 집을 나섰다.

아시안 하이웨이를 생각하다

문덕차고지에서 감포행 버스 800번을 타고 장기면 두원리 버스승강장에 내렸다. 다음 승강장은 경주시에 있다. 승강장 옆 낚시가게 주인님은 친절하게 길을 알려주었다. 작은 개울을 경계로 포항시와 경주시로 구분된다. 해안으로 가서 구룡포 방면으로 걸었다. 마을 골목길에 낯선 사람이 지나가도 개 짖는 소리도 들리지 않았다. 길을 따라 소봉대 앞에 왔다.

소봉대는 해안에 층을 이루며 우뚝 솟은 바위봉우리이다. 그 모양이 거북이가 엎드리고 있는 것 같아 복귀봉(伏龜峯)이라고도 한단다. 신라 때 어느 왕자가 이곳의 풍광에 취하여 사흘 동안 노닐었다고 할 만큼 경관이 수려하다. 예나 지금이나 풍광이 아름다운 곳은 문학이나 예술작품의 소재가 되기도 한다. 회재 이언적(晦齋 李彦迪)도 이곳에 왔던 모양이다. 시비(詩碑) '소봉대'가 안내판 옆에 나란히 있었다.

우리나라 자연경관은 참 아름답다. 아담하면서 소박하여 볼수록 정겹기도 하지만 안타까운 면도 있다. 소봉대 주변에 버려진 쓰레기와 사용 중인 어구들과 플라스틱 도구들이 어지럽게 널려있었다. 나는 이런 모습을 보면 애가 탄다. 멋진 경관을 감상하러 온 사람들이 지저분한 모습을 보고 다시 오지 않을까 봐 조마조마하다. 마을 사람들은 이곳의 수려한 경관을 아무렇지도 않게 여길지도 모른다. 날마다 보는 일출과 바다와 바위들일 테니까. 이들이 없다면 마을이 이처럼 아름답게 느껴질까. 해파랑길 리본을 따라 계원리 버스승강장에 왔다. 승강장 옆 동해안로 3072번길, 길모퉁이를 돌아 바닷가에 내려와 마을 쉼터를 지나 마을 앞

길에서 신기한 것을 만났다.

'ㄱ'자로 만들어진 돌담 안에 네모모양으로 나지막한 돌단을 쌓고, 돌단 가운데에 흙더미가 있고, 흙더미에는 소나무 가지를 여러 개 묶어 만든 큼직한 둥치를 꽂아두었다. 소나무 둥치는 새끼줄로 감겨 있고, 새끼에는 접은 흰색 한지가 꽂혀있었다. 마을을 지키는 신(神)인가 보다.

우리나라는 다양한 종교가 공존한다. 신라와 고려 때는 불교를 중심으로 여기고, 조선 시대는 유교 중심의 나라였지만 오늘날 대한민국은 세계에서 드문 다종교국가이다. 나와 다른 신념들을 서로 존중

계원리 할매당

하며 사는 훌륭한 나라이다. 해·달·별, 부처·하나님·알라신, 바위·나무·물…. 헤아릴 수 없을 만큼 사람들의 의식에 잠재되어 있는 신들이 많다. 이 마을에는 솔가지를 묶은 둥치를 신으로 모시는 모양이다. 이리저리 둘러보는 사이 일행은 저만치 앞서 걸어갔다. 부지런히 걸으면서 마을을 둘러보니 유난히 돌담이 많았다.

마치 제주도 같았다. 해안에는 몽돌과 파도의 합주가 한창이었다. 어느 예술가가 이런 소리를 빚을 수 있을까. 물과 돌의 만남, 각기 다른 성

질이 함께 빚어내는 소리, 자연의 소리는 들을수록 매료된다. 사람 사는 세상도 이와 같았으면 좋겠다. 내 편 네 편 나누지 말고 함께 어우러지면 아름다운 세상 될 텐데…. 삼십여 년 동안 각기 다른 환경에서 자란 딸과 사위가 서로 다독이며 알콩달콩 사는 모습은 참 사랑스럽다. 몽돌과 파도의 화음처럼. 끝나지 않는 연주회장을 뒤돌아보며 발길을 재촉했다.

이정표를 따라 오르락내리락 걷다가 빨간색 점이 찍힌 소나무를 만났다. 재선충에 감염된 소나무들이다. 어떤 식물학자는 장차 우리나라에 소나무가 사라질 것이라고 한다. 재선충을 감염시키는 솔수염하늘소의 번식을 막을 방법은 없는 걸까. 정말 이러다가 우리나라에 소나무가 사라지는 것은 아닐까. 속절없이 붉게 야위어가고 있는 소나무들을 보니 내 몸도 붉게 타는 것 같았다.

수년 전 다녀온 영양 검마산 자작나무 숲이 생각난다. 솔잎혹파리로 인해 피해를 입은 소나무를 베어내고 자작나무를 심었다고 했다. 자작나무와 금강소나무가 어우러진 숲이었다. 우산을 쓰고 자작자작 거닐었던 그런 숲길을 포항에서도 만날 수 있을까. 눈 내리는 날 더 아름답다는 자작나무 숲길을 생각하며 산을 내려 가자 싱그러운 바다향이 와락 안겨왔다. 답답하던 가슴이 뻥 뚫리는 듯했다. 기분 좋은 파란색 표지판을 만났다. 〈국토종주(고성)동해안 자전거길〉. 자전거를 타고 이 길을 곧장 가면 강원도 고성까지 갈 수 있다는 말이다. 물론 걸어서도 가능하다. 국토종주, 생각만 해도 가슴 벅차다.

대한민국에서 출발하여 북한의 원산·나진·선봉을 지나 러시아 블라

국토종주(고성)동해안 자전거길 표지판   아시안하이웨이 표지판

디보스토크로 이어지는 '아시안 하이웨이'. 북한만 통과할 수 있다면 부산에서 블라디보스토크까지 걸어서도 갈 수 있을 텐데…. 생각만 해도 가슴 뛴다. 그런 날이 오면 블라디보스토크에서 열차를 타고 헤이그까지 가보고 싶다. 2016년 다녀온 네덜란드 헤이그 만국평화회의장과 이준열사 기념관과 묘소 있던 곳을 한 번 더 다녀오리라.

100여 년 전, 빼앗긴 나라를 찾으려고 1만2천 킬로미터나 떨어진 머나먼 이국땅까지 갔지만 뜻을 이루지 못했던 이준, 이상설, 이위종. 그분들을 생각하니 가슴이 벅차고 눈물이 났었다. 이준열사 기념관을 관람한 후 묘소가 있었던 곳에도 갔었다. 열사의 유해는 1963년 고국으로 돌아가고 현장에는 '일성 이준열사의 묘적'이라 쓰인 비석과 흉상이 숲속에 있었다. 주변을 깨끗이 청소하고 흉상 앞에 꽃과 태극기를 꽂아두고 묵념을 올리고 돌아왔다. 지금도 그날 일은 어제 일인 듯 떠오른다. 대한민국에서 자유롭게 여행을 다닐 수 있는 것도 빼앗긴 나라를 되찾

네덜란드 덴하그에 있는 이준열사의 묘적

아준 훌륭한 선조들 덕분이니 그 희생은 잊지 말아야 하리라.

이런저런 생각을 하며 걸어오다가 해안에 조선소가 있었던 흔적을 보았다. 작은 선박을 제작하던 곳임에 틀림 없을 것이다. 구룡포에는 지금도 운영하는 조선소가 있는데, 이곳에도 있었던 모양이다. 녹쓴 철길 위로 파도가 밀려왔다 밀려가며 그날처럼 바다로 가자, 바다로 가자고 보채고 있었다. 빛바랜 철로에 붉은 곰팡이가 짙었다. 주변에는 낚시를 즐기는 사람들이 많았다. 낚싯대를 한꺼번에 여러 개 드리우고 바다를 바라보는 사람, 낚싯대는 바다에 담가두고 멀찍감치 앉아있는 사람도 있었다. 고기잡이에는 관심 없고 바다와 함께 놀고 있는 것 같았다. 저 모습들이 행복이 아닐까.

반딧불이가 사는 양포항

양포교를 건너고 양포삼거리에 오니 낚시 가게들이 몇 군데 보이고

'해파랑길 가게'가 방그레 웃고 있었다. 가게에 들러 초콜릿을 사서 먹으며 양포항으로 향했다. 달콤한 초콜릿은 발걸음을 더 가볍게 해주었다. 바람에 나부끼는 리본과 함께 길은 단정했다.

쉼터 앞에 입을 크게 벌린 물고기 모양의 조형물이 눈에 들어왔다. 가까이 가서 보니 물고기 입속에 수도가 연결되어 있었다. 수도꼭지를 돌리니 물이 나왔다. 물고기 입속에서 나오는 물로 손을 씻는 셈이었다. 손 씻기를 싫어하는 아이들도 이런 곳에서는 즐겁게 손을 씻지 않을까. 디자인이 참신했다. 이런 구조물을 만나면 반갑다. 여행 중에 나뭇잎과 꽃 모양의 의자에 앉았던 적 있다. 은행잎 의자에 가만히 앉아서 의자를 디자인하고 만든 사람, 이 자리에 앉았다 간 사람들, 그들이 나눈 이야기들을 상상해보기도 했었다. 딱딱한 의자였지만 향기가 느껴지고, 동화 속 주인공이 되는 듯했다.

가로등도 특이했다. 가로등마다 풀잎 아래 반딧불이가 두 마리씩 매달려 있었다. 가로등이 켜지면 마치 반딧불처럼 반짝일 것이다. 어릴 적 여름밤, 반딧불이 잡으며 놀았던 때가 생각났다. 봄·여름·가을·겨울, 날마다 반딧불을 만날 수 있는 항구, 소박한 아름다움이 가득한 양포항을 지나 길모퉁이를 돌아서자 바다가 활짝 열렸다.

신창2리 어촌체험마을, 물이 맑고 바다 밑에 거대한 암반이 펼쳐져 있어서 미역이나 고동들이 살기 좋은 환경이어서 어린이들이 고동·성게·따개비 등을 잡는 체험을 할 수 있다고 한다. 이런 체험은 즐겁고 소중한 기억이 될 것이다.

어느 해인가. 월포 바다에서 발바닥에 밟히는 작은 조개를 잡은 적 있다. 신기했다. 바닷물 속에 가만히 서 있으니 파도가 밀려와 발 주위에 있는 모래를 쓸어갔다. 발은 점점 물 속 깊이 들어가는 것 같았다. 그때 발바닥에 딱딱한 것이 느껴졌다. 허리를 굽혀서 주웠는데, 작은 조개였다. 트위스트 춤을 추듯이 발바닥으로 모래를 비비면서 조개를 줍느라 시간 가는 줄 몰랐다. 그다음 날, 온몸이 무지근했었지만 아름다운 추억이다.

해안가에는 만선을 알리며 펄럭이던 깃발과 낡은 그물과 어구들, 녹쓴 컨테이너들과 임무를 다한 늙은 어선들을 바람이 쓰다듬고 있었다. 나른한 평화가 낮 달맞이꽃처럼 하늘거렸다.

태극기와 해병대 마크가 선명한 문패를 만났다. 어릴 적 고향마을 집집마다 대문 앞에 걸려있던 문패는 다양했다. 검은 바탕에 반짝이는 자개로 이름을 새긴 것, 나무판에 이름을 조각하거나 먹으로 쓴 것, 플라스틱에 이름을 적은 것들도 있었다. 마을을 한 바퀴 돌면 그 집 아버지들의 이름들을 알 수 있었다. 문패에 어머니의 이름은 없었다.

요즈음은 주택에도 이런 문패를 다는 집은 많지 않은 것 같다. 특히 아파트는 옆집에 누가 사는지도 모르는 시대다. 나도 점점 익명성에 익숙해지는 것 같다. 옆집과 정을 나누며 살던 시대가 그리운 건 세련되지 못한 나만의 생각일까. 문패는 골동품이 될 것이다. 점점 기억 저편으로 사라질 문패를 생각하며 해병인의 집을 지나고, 펜션들과 벽화도 구경하며 신창리 버스정류장을 지나 바닷가로 갔다.

모래밭에 갯기름나물 꽃이 소금처럼 피어있었다. 메밀꽃도 소금을 흩뿌린 것 같다고 하는데 갯기름나물 꽃도 그랬다. 이 나물은 열을 내리고

통증을 낮추고 기침과 어지럼증도 낫게 할 뿐 아니라 생선회나 고기와 같이 먹으면 비린 맛을 억제하는 효과도 있다고 한다. 잎은 데쳐서 나물로 먹고, 꽃은 튀김도 하고 차를 만들어 마신단다. 이 지역은 갯기름나물을 재배해서 수익을 올리는 모양이다.

  파도가 특이했다. 바다에서 하얀 포말이 일렁이다가 양떼처럼 달려와 몽돌과 굵은 모래 속으로 사라졌다. 대부분 파도는 몽돌이나 모래를 안고 바다로 돌아가는데 땅속으로 스며들 듯이 사라지는 모습이 신기했다. 마치 사람의 일생도 이런 모습이라고 알려주는 것 같았다. 이 세상에 왔다가 저세상으로 돌아가는 날까지 한순간이라고. 흔적도 없이 사라지는 인생, 사는 동안 아름답게 살아야 한다고 몸소 보여주는 듯하다. 그래, 파도의 언어를 마음에 새기며 살아야겠다.

몽돌해변

날물치 바위와 소나무

신창리 날물치 바위가 저만치에 보였다. 신창1리, 장기천을 가로지르는 금곡교를 지나 '일출암'에 왔다. '일출암'은 최근에 명명된 이름이다. 예전에는 '날물치바위'라고 했다. 장기읍성이 있는 동악산자락에서 흘러 내려온 장기천이 동해에 이르러 신창리 바위 사이로 드나든다고 하여 '날물치'라 부르기도 하고, 강바닥으로 스며들었다가 생수처럼 솟아난다고 해서 생수암(生水岩)이라고도 불렀다. 여러 가지 이름으로 불리는 이유는 많은 사람들이 사랑과 관심을 두기 때문일 것이다. 석가모니는 한 분이지만 부르는 이름이 다양하듯이 말이다.

이곳 바위와 해송 사이로 떠오르는 일출은 장관이다. 회재 이언적은 시 '장기동헌'에서 '금분초견 용창명(金盆初見 湧滄溟)', '처음 본 금빛 항아리 용솟음쳐 솟구치고'라고 표현하기도 했다. 풍광이 아름다워 '포항

신창리해변

의 해금강'으로 불릴 정도이다. 파도와 바람이 고요한 날에는 바위에 올라갈 수도 있지만 오늘은 파도가 일렁거려서 바라보기만 했다.

서쪽 멀찌감치에 있는 장기읍성을 바라보며 신창1리를 지나 이정표를 따라 언덕을 오르다가 '영암2리 휴게실 650m'라고 적힌 푯말을 만났다. 푯말이 가리키는 오른쪽 숲길로 들어갔다. 사람의 발길이 드문지 거미줄과 풀이 길을 덮고 있었다. 멍석길이 이어지고, 대숲 터널을 지나 해안으로 내려다보니 장관이었다. 숨겨진 전망대를 발견했다고 할까. 해거름 녘 이곳에서 '바다 멍~'을 하면 바다 같은 사람이 될 것 같았다. 마음은 여기다 두고 몸만 길을 따라 왔다.

어느 무덤 앞을 지나다가 밧줄을 품고 있는 소나무 한 그루를 만났다. 누군가가 소나무가 어릴 때 나일론 밧줄을 묶어 둔 모양이다. 보아하니 소나무는 자라면서 몸에 묶인 줄을 몸속에 품으면서 둥치를 키웠다. 밧줄을 당겨보았으나 꼼짝도 하지 않았다. 한 몸이 되어 버린 나일론 밧줄은 익숙한 듯 바람에 나부끼고 있었다. 사람이 나무들을 고통스럽게 한 것은 이곳뿐 아니다.

우리나라 곳곳에 깊은 상처를 안고 사는 소나무들이 많다. 일제강점기 송진을 채취한 흔적들이다. 살갗을 도려낸 깊은 상처가 아물면서 흉터가 마치 미소처럼 보인다. 고통을 견뎌낸 장한 훈장 같다. 많은 소나무들이 하트'♡' 문양의 미소를 머금은 채 꿋꿋하게 살아있으니, 소나무는 깨달음을 주는 스승이다. 수십 년 동안 근육을 조여 오는 고통을 이겨내면 자랑스러운 깃 하나 달 수 있다고. 뼈를 도려내는 쓰라림도 세월 지나면 사랑이 된다고. 어우렁더우렁 사는 거라고. 살다 보면 한세상 별거 아니라고. 척추에 박힌 나일론 줄을 흔들며 '괜찮아, 괜찮아,' 부드러운 손길로 내 어깨를 다독여 주었다.

소나무를 뒤로 하고 산길을 걸으며 소나무 사이로 바다를 내려다보았다. 기암절벽으로 달려와 부서지는 파도, 시원한 바람, 아름다운 영일만이다. 오로지 동해에서만 느낄 수 있는 생명의 바다, 살아 꿈틀거리는 바다다. 활력이 있다. 산길·바닷길·흙길을 걸어 돌아 나오면 또 다른 풍광이 펼쳐졌다. 저 모퉁이를 돌면 무엇이 있을까 설렘의 연속이다.

골목할배 골목할매가 사는 영암리

영암리에 왔다. 이 마을은 갓바위와 수용포라는 두 개의 동네가 있다. 갓바위(관암冠巖)는 옛날 어떤 선비가 벗어 놓은 갓이 돌로 변하였다는 전설이 있고, 갓바위 윗면에 구멍이 있어서 사람들은 그 바위를 신성하게 여기고, 신령스러운 바위가 있는 마을이라 하여 '영암리(靈巖里)'라고 부른다. 신창1리에서 영암리까지 1.3킬로미터 '영암 갓바위길'이 조성되어 있었다.

영암3리 수용포마을에는 제당이 두 군데 있었다. 한 군데는 마을 앞에 파란색 지붕, 계란색 벽, 알루미늄 문에 연꽃 그림이 그려진 한 칸 집이다. '골목할배'를 모시는 '할배당'이란다. 주변에는 우람한 곰솔이 신당(神堂)을 지키고 있었다. 건물 안에는 위패가 모셔져 있다고 한다.

휘어진 길을 돌아오니 길 한가운데에 솔가지 여러 개를 묶어 둥치를 만들어 세워둔 것이 보였다. 마을신으로 모시는 '골목할매'라고 부르는 '할매당'이란다. 전해오는 이야기에 의하면 아주 먼 옛날, 마을 앞 바다에 소나무 한 그루가 파도에 밀려와서 어선이 다니는데 방해가 되었다. 사람들이 소나무를 바다로 밀쳐내었으나 파도가 치면 다시 되돌아왔다. 마을사람들은 신기하게 여겨서 소나무를 건져 마을 앞 바닷가에 세우고 제사를 지내기 시작했더니 고기도 잘 잡히고 마을이 평안하게 되었다고 한다.

'할매당'은 바다와 5~6미터 정도 가까운 거리에 있지만 단 한 번도 파도나 해일의 피해를 입은 적이 없단다. 과연 바다에서 온 신(神)인 모양이다. 할배는 신당 안에서, 할매는 바닷가에서 마을을 지키고 있으니 이 마을은 늘 평화로울 것이다. 골목할배와 골목할매를 모시고 있는 수용포마을도 변화하는 중이었

영암리 할매당

다. 몇 해가 지나면 이 마을도 예쁜 집들과 어우러진 아름다운 해안으로 변신하리라. 마을에 활기가 생기면 골목할배와 골목할매도 기뻐하지 않을까. 신화처럼 끝없이 펼쳐진 바다와 인적이 드문 해안마을, 이런 곳에서 하룻밤 정도 묵으면 시원(始原)으로 돌아갈 수 있으려나.

풀빌라들이 있는 소나무 숲을 지나 모포교로 향하는데 지나가는 자동차 한 대가 내 옆에 멈추더니 어떤 사람이 창문을 열면서 해파랑길을 걷

느냐고, 더운 날 고생한다고 하면서 시원한 캔 커피를 건네주었다. 사양했으나 기어이 내 손에 쥐어주고 자동차는 슬그머니 지나갔다. 짧은 만남이었지만 그들도 나처럼 걷는 즐거움을 아는 사람일지도 모른다. 도보 여행자들만이 갖는 느낌이라고 할까. 모르는 사람에게 커피를 얻었으니 나도 언젠가 길에서 사람을 만나면 물이라도 건네야겠다. 그 사람이 누구인지는 모르겠지만 정이 많은 사람일 것이다. 아참, 골목 할배였던가? 할매였던가?

쉰 명의 사람들과 모포줄

시원한 캔 커피를 손에 들고 모포2리 표지석이 있는 삼거리에 왔다. 이곳에서 자동차가 다니는 넓은 길로 곧장 가면 장군정(將軍井)이 있다. 뇌성산 자락에 있는 장군정은 '모포줄'을 보관하는 '현몽각'과 이 줄에 얽힌 전설을 함께 지니고 있으며 아무리 가물어도 물이 마르지 않는다고 한다.

뇌성산은 국내에 있는 유일한 뇌록생산지였다. 뇌록(磊綠)은 햇쑥보다 조금 진한 청록색을 띠는 단청의 기본 안료이며 조선시대 궁궐에 진상품으로 올렸던 희귀한 광물질이다. 뇌록을 채굴하던 곳을 주민들은 '맷새구디이(구디이:구덩이의 방언)' 또는 '쉰구디이'라고 했다. '쉰구디이'라는 말은 이곳에서 뇌록을 채굴하던 사람들이 매몰되어 죽었다는 소문을 듣고, 마을 사람들이 가보았더니 그곳에 '초배기(대로 만든 옛 도시락 통)'가 50여 개 있었다고 한다. 그래서 적어도 '쉰 명이 죽은 구덩이'라 하여 '쉰구디이'라고 했다고 전한다.

일터로 나가는 장정을 위해 정성껏 마련했던 도시락, 그 도시락을 증표처럼 남겨두고 사라진 사람들, 아들을, 남편을, 아버지를 애타게 기다리던 가족들의 그 오열은 뇌성산을 흔들고도 남았으리라. 지금도 주변에는 그들의 영혼이 깃들어 있을지도 모르는 눈물 빛 뇌록이 발견된다. 내 서랍에 그 눈물방울 몇 조각 숨어있다. 햇살 좋은 날 바람을 만나게 해야겠다.

장군정과 쉰 명의 사람들과 그 가족들을 생각하며 마을 안길로 들어와 현몽각에 갔다. 문은 굳게 닫혀 있었다. 이곳에는 중요민속자료로 지정된 '모포줄'이 보관되어 있다. 전설에 의하면, 옛날 장기 현감이 꿈을 꾸었는데, 뇌성산에서 한 장군이 용마를 타고 내려와 장군정에서 물을 마시고 현감에게 말하기를 '이곳을 만인이 밟아주면 고을이 태평할 것이다.'하고 사라졌다. 현감이 꿈을 꾼 날이 음력 8월 16일이었다. 현감은 자신이 꿈꾼 날에 장군정이 있는 칠전마을(모포2리)에서 줄다리기를 하며 땅을 밟아주었다고 한다. 줄은 장군정이 있는 마을 이름을 따서 '칠전 큰 줄'이라고 하였으나 1984년 중요민속자료로 지정되면서 '모포줄'로 바뀌었다.

대부분 줄은 짚으로 만들지만, 모포줄은 짚과 칡, 굴피나무 껍질을 섞어 만들었다고 한다. 언제 만들었으며, 언제부터 당겼는지 정확하게 알 수 없지만 수백 년 전에 만들어서 줄다리기를 했을 것이다. 암줄과 수줄이 있는데 줄 하나의 길이가 50미터쯤 된다. 줄다리기는 일제강점기 금지되었다가 1954년부터 다시 이어졌으며, 줄은 마을의 신(洞神)으로 모신다고 한다. 매년 정월 초 현몽각에 제를 지내고, 8월 보름에는 줄 고사를 지내고 줄을 당긴단다.

　나는 줄다리기에 참석하는 것을 즐기는 편이다. 최근 어느 행사에서 줄다리기가 있었는데, 참석을 하려다가 말았다. 행사장에서 줄다리기를 보고 신청하지 않기를 참 잘했다고 생각했다. 운동장에 긴 줄을 펼쳐두고 양편으로 나누어서 여러 명이 협동하여 줄을 당기는 것이 아니었다. 1:1 대결이었다. 줄을 두 사람의 허리춤을 감싸고, 줄 끝을 잡은 한 손을 허리춤에 붙이고 적당한 거리를 두고 상대방과 마주 보고 서서, 줄을 당겨 바닥에서 발을 떼지 않고 오래 있는 사람이 승리하는 게임이었다. 균형 잡기와 상대방의 허점을 노려 순식간에 줄을 당기거나 느슨하게 하는 묘미가 있었다. 좁은 장소에서도 할 수 있는 새로운 형식의 줄다리기

모포항

가 흥미로웠다. 시대에 따라 달라지는 줄다리기를 생각하며 마을을 지났다.

모포항에는 조선시대에 수군만호진이 있었고, 1900년 초 무렵에는 일본인들이 이곳에서 살기 시작했다고 한다. 이후 그들은 구룡포항으로 이주하여 구룡포를 어업 전진기지로 삼았다가 제2차 세계대전에 패망하면서 그들은 일본으로 돌아갔다. 방파제에서 마을 뒤편을 바라보니 뇌성산이 뚜렷하게 보였다. 쉰 명의 사람들은 가족들을 남겨두고 어디로 갔을까. 아픔과 슬픔을 품은 뇌성산은 가만히 엎드려 침묵하고, 바다는 끝없이 펼쳐져 있었다. 낚시꾼 네댓 명 방파제에서 낚싯줄을 드리우고 시간을 저울질하는 듯 여념이 없었다. 바다는 많은 이야기를 알고 있

지만 드러내지 않았다. 아름답고 평화로운 아담한 항구일 뿐이었다. 모포리 칠전마을을 지나 구룡포 방면으로 향했다.

보릿돌의 노래

아낙네들이 쭈그리고 앉아서 갓 잡은 도루묵을 장만하여 나무상자에 정해진 무게만큼 담아 포장을 하고 있었다. 그 손놀림이 마치 기계 같았다. 이렇게 힘 드는 일을 기계로 하면 힘이 덜 들겠어요, 했더니 단호하게 '그런 말 하지 말라'고 했다. '이 일로 자식들 공부 시키고 집수리하고 여행 다니고 맛난 거 사 먹고 즐겁게 사는데 이마저도 못하게 기계들이 나서면 우리는 뭐 해 먹고 사느냐.'고 했다. 맞다. 모든 일이 기계화되고 자동화되는 것이 결코 좋기만 한 것은 아니구나, 모든 일은 장단점이 있다는 것을 다시 깨달았다. 은행이나 관공서에 자동화기기가 설치된 후 일자리가 줄었다고 한다.

내가 아는 어떤 사람은 간단한 은행 업무도 반드시 창구를 이용한다.

멍게 손질하는 모습

도루묵

요즈음은 휴대전화나 컴퓨터로 시간과 장소에 구애받지 않고 간단한 은행 업무를 처리할 수 있는 시대다. 나도 최근에 휴대전화에 '콕뱅크'를 설치해서 활용한다. 은행에서 24시간 사용할 수 있는 자동인출기도 편리했었는데 그보다 더 편리하다. 점점 더 빠르고 편리하게 이용할 수 있는 것들이 개발되는 시대이다. 은행 볼일을 창구에 가서 직접 하는 지인은 은행원 일자리가 줄어들까 봐 그런다고 한다. 편리함과 일자리 창출, 개발과 보존, 무엇이 더 우선일까. 값진 노동의 땀을 흘리는 아낙네들에게 편리함을 앞세워 선뜻 말을 던진 나는 마음이 무거워졌다. 생각이 짧았던 탓이다.

도루묵 장만하는 아낙네들의 말이 귓가에 맴도는데 천막 안에서 멍게를 장만하고 있는 여인을 만났다. 손놀림이 눈에 보이지 않을 정도였다. 얼마나 많이 하면 이런 경지에 이를까. 나는 이렇게 익숙하게 잘할 줄 아는 일이 없는 것 같다. 여기 기웃, 저기 기웃, 한 가지에만 정성을 쏟아 한 일이 없으니 당연한 결과이리라. 시장에서 고구마 줄기 껍질 벗기는 할머니와 도루묵 장만하는 아낙네, 멍게 손질하는 여인들의 섬세한 손동작, 현란할 정도였다. 햇살에 그을린 구릿빛 팔뚝들이 나를 비웃는 듯했다. 멍게 장만하는 모습을 구경하고 돌아 나오는 길에 '돈 많이 버시고 부자 되세요~'라고 인사했더니 '고맙습니데이~' 큰소리로 화답했다. 씩씩한 목소리, 파도처럼 출렁거렸다. 순식간에 속이 텅 비어버린 멍게껍질들이 바람 빠진 풍선처럼 쌓였다.

하마 닮은 바위, 무리 지어 앉아있는 원숭이 모양 바위, 해골 같은 바위, 주먹 모양 바위 등 다양한 바위들이 바닷속에서 나를 바라보았다.

보릿돌교

이들과 눈맞춤을 다 하려면 사나흘은 족히 걸릴지도 모른다.

장길리 낚시공원에 왔다. 빨간색 튜울립 모양 등대가 참 예쁘다. 하얀색 부력식 방갈로는 마치 바다 위에 떠 있는 거대한 알 같다. 알 속에는 간단한 주방시설과 침실이 갖추어져 있다고 한다. 물 위에 떠 있는 알 속에서 하룻밤 체험하는 것도 오래 남을 추억이 되리라.

길을 따라 보릿돌교 앞에 섰다. 바위섬과 육지를 이어주는 다리이다. '보릿돌'은 갯바위가 보리를 닮았다고 하여 '맥암(麥岩)'이라고도 한다. 옛날 식량이 부족할 때 이 바위 아래에서 미역이 많이 나서 어려운 고비를 넘길 수 있었다는 이야기가 전한다. 우리나라는 식량이 모자라 살기 힘겨웠던 '보릿고개 시절' 있었다. 요즈음 태어나서 자라는 아이들은 상상도 못할 일이다.

그 가난이 거머리처럼 붙어있을 때, 어머니들은 바다에 나가 해초를 따서 가족의 배고픔을 달랬으리라. 그 어머니들의 고달픔은 얼마나 깊고 무거웠을까. 어머니들의 쓰라린 희생의 손길로 아이들은 무럭무럭 자랐을 것이다. 그 어머니와 아버지들의 흘린 땀이 큰 강물이 되어 오늘날 우리는 풍요롭게 산다. 바다 위로 난 다리를 거닐며 가족을 위해 내가 하는 일은 무엇인가 생각해본다.

가족이 나에게 간절히 원하는 것도 없고, 나 또한 가족을 위해 몸부림치는 일도 없는 것 같다. 생각할수록 잘사는 오늘을 있게 해 준 선조들이 고맙고 감사하다. 다리 끝에서 내려 바위섬으로 갔다. 보리를 닮은 바위가 있는지 찾아 보았으나 찾지 못했다. 다만 바위섬의 모습이 마치 바위에 엎드려 해초 따는 어머니들의 뒷모습 같았다. 옛 어머니들의 손길을 기억하는 듯 바위는 파도와 함께 나지막이 노래했다.

 카페에 들러 따끈한 차를 주문했다. 날씨가 덥고 땀을 많이 흘린 날, 나는 따스한 차를 마신다. 하얀 찻잔에 붉은 자몽차가 정열적이었다. 피로가 풀리고 새 기운이 얻어지는 것 같았다. 잠시 다리쉼을 한 후 관망대로 올라 보릿돌교와 낚시공원과 건물 뒤의 정원을 내려다보았다. 아름다웠다.

구룡포 조선소와 모리국수

 보릿돌교 관망대에서 내려와 구룡포항으로 향했다. 하정1리 마을쉼터를 지나고 '장군쉼터'라는 현판이 있는 '삼지공원'을 뒤로 하고 해안전망대에서 바다를 내려다보다가 깜짝 놀랐다. 커다란 뱀 한 마리가 바다 속을 유영하고 있지 않은가. '살모사 바위'다. 자연의 신비로움은 끝이 없다. 물속에서 물위에서 산이나 들에서 온갖 형상으로 인간세계를 풍성하게 한다. 자연이 빚은 모든 것들은 세월이 지날수록 그 빛과 아름다움이 깊어지는 것 같다.

 분꽃과 달맞이꽃, 백일홍들이 정답게 키 재기하는 하정리를 지나 병포리 '구룡포 조선소'에 왔다. 배를 수리하느라 분주했다. 연세 지긋한 아저씨의 허락을 받아 조선소 안에 들어갔다. 나무로 만든 작은 배였지만 가까이에서 보니 크게 보였다. 기계 움직이는 소리와 망치 소리들이 웅장했다. 한편에는 뱃전을 산뜻하게 색칠도 했다. 구룡포에 배를 만들기 시작한 때는 일제강점기로 추정한단다. 당시 구룡포 인근에는 네다섯 곳에 '뱃공장'이 있었다고 한다.

구룡포 조선소

    계원리와 양포항 사이 해안에서 만난 조선소 흔적도 당시에는 번창했으리라. 나무로 배를 짓고 바다에 나가 고기 잡으며 살았던 사람들의 삶은 어찌 기쁘기만 했을까. 조선소 옆 큰 나무 아래 기도처가 보였다. 당산대신과 용왕을 모시는 신당 앞에 막걸리와 북어포가 놓여있었다. 오늘도 누군가 안전과 풍어, 마을의 안녕을 기원했는가 보다. 바다는 기쁨과 아픔을 품고있다.

    구룡포 사람들은 파도처럼 다시 일어나 배를 몰고 바다로 나가 슬픔은 던지고 기쁨을 건지곤 했으리라. 구룡포 바다는 물 반 고기 반이라 할 만큼 고기가 많았다고. 한때는 고래도 잡았다고. 그때는 구룡포항이 참말로 대~단했었다고. 큰 소리로 이야기하시던 할아버지의 주름진 얼굴에 청년이 되살아나는 듯했다. 고기를 많이 잡으면 삶에 윤기도 흐르

영일만 남파랑길

고 항구의 인심도 넉넉했으리라.

　가만히 조선소를 나와서 과메기 가공공장을 지나고, 버스환승센터가 있는 삼거리에 왔다. 전광판이 '대게 57% 오징어 20% 전국최대 생산항'이라고 외쳤다. 모두가 분주하게 움직이는 항구였다. 미르공원 타일 벤치에 앉아 거리를 바라보았다. 번화했다. 대게 최대 생산지다웠다. 파도처럼 살아가는 바닷가 사람들이 먹었던 모리국수가 먹고 싶었다. 시장에 들러 모리국수를 주문했다. 어부들이 바다에서 고기잡이하면서 그날 잡은 생선으로 급히 만들어 먹던 음식이 구룡포의 별미가 되어 인기가 높아졌다. 생선과 싱싱한 채소가 곁들여진 푸짐한 국수, 따끈한 국물을 먹으니 오늘의 피로가 썰물처럼 사라졌다. 또 길을 나설 것이다.

영일만 북파랑길

영일만 북파랑길은 송도해수욕장에서 화진해수욕장을 지나 영덕군과 경계를 이루는 지경리 호랑이바위까지이다. '호랑이 등오름길' '영일만 해오름 탐방로'라고도 하며 '연안녹색길'과 겹친다. 또한 해파랑길 17코스~18코스에 해당되기도 한다. 같은 길을 부르는 이름이 다양한 것은 사람들의 관심과 애정이 많기 때문이리라. 이 길은 4코스로 나누어져있다.

1코스 영일대길은 송도해수욕장에서 죽천해수욕장까지, 2코스 주상절리길은 죽천해수욕장에서 오도해수욕장까지, 3코스 조경대길은 오도해수욕장에서 용치바위까지, 4코스 용치바위길은 용치바위에서 호랑이바위까지이다. 영일대길에서 용치바위길까지 이어지는 길을 걸었다.

영일만 북파랑길

영일대길

송도해수욕장에 왔다. 이곳에 처음 온 기억은 국민학교 3학년 무렵이다. 아버지와 함께 콩나물시루 같은 버스를 타고 뽀얀 먼지가 풀풀 나는 도로를 달려 해수욕을 하러 왔었다. 어머니가 만들어주신 연분홍과 회색 줄무늬가 있는 면으로 만든 수영복, 세상에서 하나뿐인 나만의 수영복을 입고 뜨거운 모래사장과 푸른 바다를 오가며 수많은 인파에 뒤섞여 뒹굴곤 했다. 모래성 쌓기, 두꺼비집 짓기, 물웅덩이 파기, 파도타기…. 땀을 뻘뻘 흘리며 뛰어놀아 어깨와 팔다리에 허물(피부)이 벗겨지는 후유증은 지금도 내 몸을 근질거리게 한다. 이후에도 여러 번 송도해수욕장을 드나들었지만 스무 살 남짓 되었을 어느 여름날 송도 바다에서 만난 사람이 생각난다.

친구랑 가벼운 마음으로 파도가 출렁이는 이곳에 왔었다. 방파제가 있는 저 어디쯤에서 군복 입은 키 큰 사람과 평상복 입은 키 작은 청년을 만나 우리는 주소를 주고받았고, 서너 번 정도 편지도 왕래했었다. 예쁜 편지지를 문구점에서 고르고, 연습장에 썼다가 지우고 또 썼다가 지우기를 여러 번 그친 후, 펜촉 끝에 잉크를 묻혀 띄어쓰기며 맞춤법이 틀리지 않게 정성껏 편지를 쓰고, 우표를 붙여 빨간색 우체통에 넣었다. 답장을 받아 보려면 열흘쯤은 기다려야 했다. 들며 날며 대문 앞에 걸려 있던 편지함을 들여다보던 나날들은 또 어떠했던가. 감나무 우듬지에 발그스레하게 익은 홍시를 쳐다보는 마음 같다고 해야 할까.

송도해수욕장은 1931년 개장되어 북한의 원산해수욕장과 함께 명성을 떨쳤다. 광복 후에도 전국에서 해수욕객이 몰려왔으나 1968년 이후 인근에 철강 공업단지가 조성되면서 모래가 유실되기 시작하여 2007년 폐장되었다. 최근 송도해수욕장의 옛 명성을 되찾기 위한 노력으로 '포항 영일만 관광특구' 지정에 이어 다양한 볼거리와 카페가 즐비한 해안으로 변모했다. 2025년 해수욕장 재개장을 준비하느라 한창이다.

　세월이 흐르면서 바뀌거나 변하지 않는 것은 없다. 편지를 주고받았던 군인 아저씨도 많이 변하였으리라. 십 년이면 강산도 변한다는 말은 이미 옛말이 되었고, 강산은 하루 만에라도 충분히 바뀔 수 있는 오늘날인데, 오고 간 뜨거운 여름철들이 마흔 번 가까이나 되었으니……. '꼬마 아가씨,'로 시작되는 편지를 보내 왔던 키 큰 군인 아저씨도 송도바다에 오면 긴 머리 하얀 소녀를 떠올릴까. 소녀의 마음으로 우뚝 서 있는 하얀색 여인상 가까이에 갔다.

평화의 여인상

　여인상 앞에 '명랑한 문화도시, 건전한 항만도시, 풍요한 공업도시 1968년 7월 12일 포항시장'이라고 새겨져 있었다. 그 당시 포항시의 목표였던가 보다. 빨간색 하트모양의 포토존과 커다란 우체통을 배경으로 기념사진도 남겼다. 해변에는 일출을 형상화한 전구 모양 유리 전망대, 갈매기를 형상화한 워터폴리와 다양한 스틸아트들이 푸른 바다와 벗하고 있었다. 어둠이 내리면 포스코 LED조명과 어우러져 아름다운 밤바다가 될 것이다.

　길을 따라오니 소나무 숲속에 '송도 테마거리'가 있었다. 자동차가 다니던 길이었는데 사람 중심 거리가 되었다. 맨발 걷기에 좋은 곳으로 유명하다. 송도(松島)는 예부터 소나무가 있는 섬이라 하여 불리어진 지명이라고 한다. 도심을 지나는 하천들이 형산강과 동해로 이어지면서 크고 작은 섬이 형성되어 '섬도(島)'자가 있는 죽도·해도·상도·하도·분도가 있었으나 오늘날은 짐작만 해볼 뿐이다. 운동화를 벗어들고 잠시 맨발로 걸어보았다. 땅의 시원한 기운이 발바닥으로부터 다리를 통해 온몸으로 스며드는 듯 했다. 등에 땀이 송송 맺혔다. 잠시 숲속을 걸었지만 솔향이 스며든 듯 상쾌했다.

이곳에 있는 소나무는 1911년 일본인이 심었다고 한다. 송림이 울창해지자 해수욕장을 개장하고, 사람들이 살기 시작하면서 땅을 개간하여 시금치·양파·무·배추·참외·수박 등을 재배해서 판매하였는데, 특히 시금치와 양파는 서울에 출하할 만큼 생산이 활발하였다고. 거기다가 넓은 염전도 있었다고 하나 지금은 그 모습을 상상하기도 어렵다. 송도의 옛 모습을 상상하며 동빈큰다리 앞에 왔다. '동빈(東濱)'이라는 말은 관공서 '동쪽에 있는 물가'라는 뜻이다.

포항 나폴리

동빈큰다리 오른쪽에 '포항함'이 보였다. 포항함은 2010년 3월 서해 백령도에서 북한에 의해 침몰한 천안함과 같은 제원으로 30년 가까이 연안 경비정의 임무를 다한 후 퇴역한 초계함이다. 2016년부터 이곳에서 안보교육의 장으로 활용하고 있었다. 내부에는 포항함이 만들어질 때부터 퇴역할 때까지의 모습과 최신함정을 소개하는 사진과 영상자료가 전시되어 있고, 천안함 침몰부터 인양까지와 46인의 전사자와 한주호 준위를 추모하는 안보관도 있었다.

아들 같고, 동생 같고, 조카 같은 귀하고 귀한 젊은이들의 희생에 머리를 숙였다. 눈물이 났다. 화살표를 따라 내부를 관람하며 해군들이 바다에서 훈련하며 생활하는 모습도 짐작 할 수 있었다. 포항함 선두에 서있는 한주호 준위 동상도 어루만져보았다. 포항함을 둘러보는 내내 가슴이 먹먹했다.

송도동과 동빈동을 이어주는 아치형 '동빈큰다리' 아래 흐르는 포항운하에는 크루즈선과 작은 어선들이 다녔고, 왼쪽은 죽도시장이 있었다. 작은 어선들과 요트, 그리고 여객선이 정박되어 있는 동빈내항, 참 아름답고 고요했다. 포항 나폴리라고 할까. 이곳도 해질 무렵이 되면 참 아름답다.

가족과 멀리서 온 친구와 함께 포항운하관에서 출발하는 크루즈선을 타고 이곳을 여러 번 지나다녔다. 죽도시장 가까이에 오자 갈매기들이 떼를 지어 따라왔다. 새우깡을 손에 들고 있으면 갈매기가 날개를 퍼덕이며 날아와 부리로 낚아채 가곤 했다. 아이들과 새우깡을 던져주며 여행은 즐거웠다. 크루즈는 동빈내항을 지나 동해로 갔다가 형산강을 거슬러 포항운하관으로 돌아왔다. 약8km, 40분정도 소요된다. 네덜란드에서 운하를 타 보았는데 이런 느낌과는 달랐다.

아치형 다리를 건너자 오른쪽에 '포항개항기념지정비'가 있었다. 이 비는 1962년 포항항 개항 기념으로 1963년 옛 포항시청(현재 포은중앙도서관)후원에 건립하였다가 2009년 동빈내항을 정비하면서 이곳으로 옮겼다. 개항장으로 지정되기 전에는 광복 후 구호물자를 수송하는 항만으로 활용되기도 했고, 한국전쟁 때는 군사항으로 이용되기도 했다. 이후 항만시설을 확충하여 개항장으로 지정되면서 국제항만으로 성장할 수 있는 기반이 되었음을 증명하는 비석이다.

포항 나폴리 일몰

    정박되어 있는 어선을 바라보며 영일대해수욕장으로 가는 길에 울릉도여객선터미널이 있었다. 1983년 설립되었으며 이곳에서 배를 타면 3시간 30분 후에 울릉도에 도착할 수 있다. 여객선터미널 근처에는 일찍 문을 여는 음식점들도 있어 아침 식사를 하기에도 수월하다. 포항과 울릉도를 잇는 여객선은 두 곳에서 출발한다.
    영일대해수욕장 인근에 있는 여객선터미널과 영일만항 크루즈 선착

장이다. 영일만항에서 2021년 8월부터 대형 울릉크루즈가 운항 중이다. 한꺼번에 1,200명이 승선할 수 있으며 밤바다와 선상 디너쇼, 바다에서 일출을 맞이하는 낭만여행을 즐길 수 있다. 무엇보다 날씨의 영향을 받지 않고 언제든지 울릉도를 여행할 수 있어 인기가 높다. 포항에서 오후 11시 50분 출발해서 6시간 30분 후, 울릉도 사동항에 도착한다. 또한 영일만항에는 국제크루즈선이 정박하기도 하여 국제항이라 할 만하다.

영일대해수욕장

　영일대해수욕장은 송도해수욕장이 폐장되면서 관광명소가 되기 시작했다. 편의시설과 숙박시설, 산책로, 맛집 등이 잘 갖추어져 있으며 야경이 아름답기로 유명하다. 특히 포스코야경과 멀리 보이는 오징어 집어등의 불빛이 어우러져 밤 풍광은 장관이다. 푸른 바다와 일렁이는 파도, 젊음과 아름다움, 생명이 출렁인다. 해변에 설치 되어 있는 스틸아트들과 모래로 만든 다양한 예술품들, 버스킹공연도 감상할 수 있다. 계절에 따라 국제불꽃축제·카누·요트대회·철인3종 경기·비치발리볼 대회·물회 축제 등 다양한 행사가 펼쳐진다. 2012년 국제불꽃축제가 열릴 때 1,102명이 손에 손을 잡고 함께 한 '월월이청청'은 국내 기네스북에 등재되는 기록을 세웠다. 모두 같이 손잡고 같은 방향으로 가는 것,

영일대해수욕장

이보다 멋진 일이 있을까.

요즈음 맨발걷기가 열풍이다. 해변을 맨발로 걷는 사람들도 많이 만났다. 바다시청 앞에 신발장과 발을 씻을 수 있는 시설도 마련되어 있었다. 참새가 방앗간을 그냥 지나가지 못한다고 했던가. 나도 운동화를 벗고 바닷물이 찰랑이는 해안을 걸었다. 발바닥에 닿는 모래와 바닷물이 내 발을 간질였다. 한참 동안 맨발로 걸으니 자연인이 된 것 같았다. 아무것도 가려지지 않는 내 몸의 일부가 바다와 육지의 경계에 서 있는 것 같았다. 자연의 웅장함에 비해 인간은 아주 작고 보잘것없다는 것을 되뇌이며 발을 씻고 양말을 신고 두터운 운동화를 신었다.

다양한 스틸아트들을 감상할 수 있는 영일대해수욕장은 '북부해수욕장'이라고 하였으나 바다 위에 누각 '영일대'를 건립한 후 '영일대해수욕장'으로 이름이 바뀌었다. 영일대에 올라 가만히 앉아있으면 파도가 일렁거려 마치 배를 타고 있는 것 같다. 이곳에서 맞이하는 일출도 장관이다.

영일대 앞에 영일정(迎日亭)이 있고 '장미원'이 펼쳐져 있었다. 장미원이 있기 전에 이곳은 주차장이었다. 포항시화(市花)가 장미인데 시내 곳곳에 천만 송이 장미심기 운동을 펼쳐 심었다. 장미원에 설치된 포토존과 다양한 스틸아트, 형형색색 아름다운 장미를 감상하고 가던 길을 재촉했다. 저만치 앞 왼쪽 산 위에 반짝이는 구조물이 보였다.

구름 위를 걷다

설머리회지구를 지나 환호공원으로 올라갔다. 영일대해수욕장에서 산 위에 보이던 구조물 '스페이스워크(Spsce Walk)였다. 2021년 11월 포스코가 제작해서 포항시에 기증한 국내 최대 규모의 체험조형물이라고 한다. 개장 당시에는 줄을 길게 서서 기다렸다가 올라갈 수 있었지만 요즈음은 많이 기다리지 않는다. 구름을 닮았다고 해서 '클라우드(cloud)'라고도 부르는데, 독일 하이케무터와 울리히겐츠 부부가 디자인한 예술작품이다.

예술작품 속으로 들어갔다. 입구에서 철 계단을 조금 올라가니 경사가 다소 가파른 왼쪽과 덜 가파른 오른쪽으로 나누어져 있었다. 왼쪽 길을 선택했다. 오르락내리락 휘어진 좁다란 계단을 갔더니 끝에는 막혀 있어 더 이상 사람이 갈 수 없었다. 왔던 길을 뒤돌아 내려와서, 가지 못했던 오른쪽으로 이어지는 계단을 올랐다. 많은 사람들이 계단을 따라 천천히 다녔다. 그 모습을 바라보니 모두가 작품 속의 일부가 된 것 같아 아름다웠다. 나도 작품의 일부로 보이리라. 한 젊은이가 올라가더니 조심조심 내려왔다. 더 이상 높이 올라갈 수 없겠다고 하면서. 고소공포증이 있는 사람들은 구름 위로 올라 갈 수 없을 것 같았다. 가장 높은 곳에서 사방을 둘러보았다. 내가 구름 위에 떠 있는 것 같았다. 영일대해수욕장과 이어지는 해안, 끝없이 이어지는 산과 산, 그리고 포항 시가지가 한눈에 보였다.

경상북도에서 가장 높은 건물은 김천시에 있는 한국전력기술 본관동으로 141.19m라고 한다. 두 번째 높은 건물은 포항에 있는 아파트, 두산위브 더 제니스 48층인데 그 높이가 0.79m차이다. 높이 140미터가 넘는 집에서 생활하는 사람은 고소공포증과는 아무런 관계가 없겠지. 물론

스페이스워크

　열린 공간과 닫힌 공간의 차이도 클 것이지만 혹여라도 그런 증세가 있다면 일상생활은 할 수 없을 테니까. 높이 25m 스페이스워크를 체험하고 해안으로 내려와 횟집들이 줄을 잇는 길을 따라 스카이워크에 왔다.
　스페이스워크는 계단이 높아 어린이나 걷기에 불편한 사람들은 그림의 떡이다. 그러나 이곳은 편안하게 누구든지 바다 위를 걷는 즐거움을 누릴 수 있었다. '모든 사람이 불편함 없이 할 수 있는 여행' 즉 '무장애 여행'을 할 수 있는 곳이었다. 휠체어에 앉은 할아버지와 함께 온 가족도, 유모차에 앉은 아이와 젊은 엄마 아빠도 바다 위를 거니는 모습이 무척 행복하게 보였다.
　스카이워크에서 죽천해안으로 가는 길은 두 갈래였다. 산등성이로 가는 길과 해안길이다. 산길을 택했다. 마루계단을 올라 산으로 올라가니

'여남갑등대'가 있었다. 산 위에 있는 등대, 생뚱맞기는 했으나 있을 만도 하다 싶었다. 바다로 툭 튀어나온 육지이니 바다에서 바라보면 이 등대는 충분히 이정표가 되었으리라. 등대를 지나 산을 내려와 죽천해변 입구에서 '영일만 북파랑길' 안내도를 살펴보았다. 해안 평평한 길을 따라가면 스카이워크에 갈 수 있었다. 해파랑길 17코스와 겹쳐지는 죽천해안에서 송도해수욕장 방면으로 바라보았다. 스무 살 소녀는 살며시 미소 지었다. 키 큰 군인아저씨도 이 길을 걸었을까?

● 1코스 영일대길　송도해수욕장에서 죽천해수욕장까지, 10.1km, 2시간 20분 소요

주상절리길

죽천해수욕장에서 오도해수욕장으로 이어지는 해안에는 주상절리들이 많이 분포되어 있다. 해변은 조용했다. 주차장이 넓어서 차박하기에 좋아 보였다. 평일이라 그런지 사람들이 다녀간 흔적만 남아있었다. 바닷물이 발에 닿을 듯 가까웠다. 저만치에 영일만항도 보였다. 길을 따라 우목리에 왔다. 한때 이곳에는 학교·우체국·보건진료소·전신전화국 등 공공기관들이 있어 주변에 있는 여러 마을의 중심이었지만 지금은 고요한 어촌마을이다.

해파랑길 빨간 화살표와 리본을 따라 마을 안 골목길 언덕을 오르고 죽천초등학교 앞을 지나 보건진료소 앞 쉼터에 앉았다. 바다가 보이는 아름다운 학교였다. 잠시 후 멜로디가 흘러나오자 아이들이 운동장으로 뛰어나왔다. 공차기, 달리기, 나무 아래 가만히 앉아있는 아이들, 여기

저기 활짝 핀 작은 꽃 같았다. 다시 음악 소리가 들리자 아이들은 모두 교실로 들어갔다. 운동장이 심심해졌다. 아이들은 다시 뛰어나와 운동장은 환한 꽃밭이 될 것이다. 교무실 창밖에서 시작종과 마침종을 치던 초등학교 시절 선생님의 모습이 떠오른다. 참 옛날 같다.

영일만항

잠시 다리쉼을 한 후 영일만항으로 걸었다. 넓은 도로에 큰 화물차들이 달리고 사람들은 보이지 않았다. 전신주에 매달려 나부끼는 해파랑길 리본이 반가웠다. 영일만 산업단지가 있는 영일만항이다. 포항에는 구항·신항·영일만항으로 세 곳의 항이 있다. 1731년 '포항창진'이 설립되면서 부산과 원산을 잇는 포항시 남구 송도동에 '포항항'이 있었다. 이후 '구항', '동빈내항'으로 불리다가 1962년 국제항구로 지정되면서 포항의 경제성장에 큰 역할을 했지만 현재는 선박수리와 해양경찰의 부두로 활용되고 있다.

신항은 포항시 남구 송정동·송내동·동촌동·청림동에 걸쳐있으며 1부두~8부두까지 이어진다. 포스코가 건립되면서 철강공단의 수출입항으로 중추적 역할을 하고 있다. 영일만항은 2009년 개항을 시작으로 동북아 물류 중심항만, 환동해 국제비지니스항으로 성장하고 있는 중이다. 근래에는 국제크루즈선도 운항하여 국제항으로 거듭나고 있다. 환동해 물류 중심도시가 될 희망이 보이는 듯 했다. 널찍한 도로를 따라 해안으로 와서 서핑하는 사람들도 만났다.

이곳은 서핑하기에 아주 적합한 환경이어서 서핑을 즐기는 사람들에게 인기가 많다고 한다. 파도를 타는 젊은이들, 보기만 해도 즐거웠다. 저들이 부럽다. 나도 서핑을 해보고 싶다. 그런데, 수영을 하지 못하는 사람도 할 수 있을까? 하지만 저들은 나처럼 오래 걸을 수는 없겠지? 사람들은 각자 잘할 수 있는 일이 있을 것이다. 그래, 나는 땅을 밟고 걸어 다니는 것을 잘하니 만족하며 살아야겠다. 산업단지를 벗어나 해안으로 마루길이 이어졌다. 안내판을 살펴보고 해파랑길 빨간색 화살표를 따라 칠포해수욕장에 이르렀다.

칠포해수욕장

재즈페스티벌이 열리는 곳이다. 재즈 선율과 함께 춤추던 한여름 밤을 잊을 수 없다. 우리는 파도처럼 일렁이며 아름다운 밤을 보냈었다. 비가 내리는 날에도 우리는 이곳에서 춤을 추며 재즈의 향연에 빠졌었다. 밤바다를 함께 바라보았던 그 친구들, 어디서 무엇을 할까. 텅 빈 칠포해수욕장을 지나고 해변을 따라오니 다소 한적한 곳에 캠핑카들이 주차되어 있었다.

사람은 보이지 않으니 일명 '알박기' 주차를 해 둔 것이 아닌가 싶다. 마을이 시작되는 곳에서 빨간색 앙증스러운 등대와 우체통을 만났다. '인생 참, 꽃 같네'라는 글과 꽃송이들로 장식된 예쁜 우체통이었다. 인생, 꽃 같기만 할까. 바람도 되었다가 비도 되었다가 때로는 폭풍우도 만나는 것이 인생길 아닐까. 하지만 지나고 나면 모든 순간들이 꽃 같았다는 생각이 들기도 한다.

나도 한때 꽃 같다는 소리 들은 적 있다. 단석산 암자에서 만난 어떤 할머니는 나에게 '참 곱다, 꽃이다, 꽃. 꽃이 피었네. 뭐라뭐라해도 사람 꽃만큼 예쁜 꽃 있나?' 하시던 말씀이 생각난다. 내가 이제 그때 그 할머니 나이만큼 되지 않았을까. 꽃, 사람은 모두 꽃 시절 있으리라. 꽃 봉오리시절, 활짝 핀 꽃 시절, 시든 꽃 시절, 마침내 낙화시절…. 나는 지금 어떤 시절일까. 활짝 핀 꽃 시절은 아닌 것 같고, 그렇다고 시든 꽃 시절도 아닌 것 같고…. 마을 앞을 지나 다리를 건너 칠포리 방파제로 갔다.

연안녹색길

칠포리 방파제에서 오도리로 이어지는 동해안 연안녹색길이 시작된다. 이 길은 군사보호구역으로 일반인들이 다닐 수 없었는데, 2017년 봄 도보길을 조성하여 개방했다. 주차장에서 마루길을 따라 걷노라니 영일만 푸른 바다가 발아래에 끝없이 펼쳐졌다. 저 멀리 호미곶도 어렴

연안녹색길

풋이 보였다.

잠시 길을 따라 가다가 해오름 전망대를 만났다. '해오름'은 포항시와 경주시, 울산시 세 도시가 맺은 동맹의 이름이다. 침체 되어 가는 대한민국의 경제를 다시 일으키고 재도약하자는 취지로 맺은 동맹의 이름을 따서 '해오름 전망대'라고 한다. 세 도시가 서로 힘을 모아 떠오르는 태양처럼 대한민국이 우뚝 성장했으면 좋겠다. 해오름 전망대의 바닥이 철망으로 되어있어 발아래에서 출렁이는 파도를 느낄 수 있었다. 고소공포증이 있는 사람은 아찔하겠다. 전망대에서 호미곶과 포스코도 아스라이 보였다. 완만한 소나무 숲길을 지나고 쉼터에 잠시 앉았다가 오도리로 향했다.

오도리 주상절리

유난히 검은 돌들이 바다에 나란히 누워있었다. 주상절리인데 바다에 누워있는 것이 특이했다. 마치 바다 속에 쌓은 나지막한 담 같기도 하고 넓은 길 같기도 했다. 용이 다닌 길이라면 믿을까? 마루길이 끝나는 곳이 오도1리였다. 방파제에서 바다로 바라보았다. 바위섬이 보였다. 주

오도리 해안

상절리라고 한다. 주상절리는 2천3백만 년 전 한반도에 붙어있던 땅이 떨어져 나가 일본이 되고, 동해가 형성되는 과정에 일어난 화산활동 중, 지하에 있는 마그마가 식으면서 이룬 화산암 기둥이 무리 지어 있는 것을 말한다.

 2023년 포항시 북구 흥해읍 오도리 주상절리는 천연기념물로 지정되었다. 오도리 방파제에서 100미터 정도 떨어진 바다에 있다. 근처 해안에서 보면 서너 개의 바위섬으로 보이지만 전문가들은 섬 전체가 육각형과 오각형의 절리들이 수평과 수직으로 빼곡하게 형성된 한 덩어리로 추정하며, 우리나라에 있는 주상절리 중 매우 특이한 형태라고 한다. 검은빛 주상절리와 푸른 바다가 어우러져 아름답기 그지 없지만 바다 안에 있어 쉽게 볼 수 없다. 하지만 사람의 손길이 쉽게 닿지 않아 훼손될 염려는 덜하니 다행인 것 같기도 하다. 우리나라 치산치수의 모범이 되는 사방기념공원을 지나 찻집들이 예쁜 오도리 카페거리를 걸었다.

● 2코스 주상절리길 죽천해수욕장에서 오도해수욕장까지 13.7km, 3시간 소요

조경대길

　오도해변과 청진해변은 이어져 있었다. 행정구역은 흥해읍과 청하면으로 구분되지만 바다는 그렇지 않았다. 나누고 분리하는 것은 사람만이 하는 일이 아닐까. 저 넓은 바다에 자유롭게 유영하는 어류들도 어느 나라 배에 잡히느냐에 따라 한국산·일본산·러시아산 등으로 구분되니 말이다. 구룡포대게와 강구대게가 경쟁하듯 판매되고 있다. 게들도 구룡포 배에 잡히면 구룡포게가 되고, 강구 배에 잡히면 강구게가 된다. 게들은 너른 바다에서 자유로이 다니고 있었을 텐데 사람들이 그렇게 분리하는 것이다. 길게 이어져 있는 해변을 오도와 청진으로 나누어 둔 것도 인간이 자연을 지배하기 위한 하나의 방법이 아니었을까 싶기도 하다.

　해안을 구경하며 마을 앞길을 다녔으나 나에게 관심을 보이는 사람은 아무도 없었다. 지나가는 어떤 나그네일 뿐이었다. 사람의 일생도 이와 같지 않을까. 대자연 속의 일부가 되어 잠시 머물다가 어디론가 사라지는 것, 나도 언젠가는 사라질 것이다. 그래, 살아있으니 숨 쉬고 먹고 생각하고 잠을 자고 걷는다. 휘적휘적 걸어 청진리에 왔다.

대곶이

　사람들은 이 마을을 '대고지'라고 했다. '대나무가 많다'고 하여 '대곶이(竹串)'라고 하는데 지금도 마을 안쪽에 키 작은 시누대가 자생하고 있다. 전망 좋은 카페와 펜션들이 있어서 젊은이들이 즐겨 찾는 여행지가 되었다. 연인 닮은 연인바위도 보고, 드라마 '갯마을 차차차'에 등장했던 윤치과도 그 자리에 있었다. 사람 사는 이야기가 잔잔하게 펼쳐졌던 드라마였다. 그중 윤치과는 청진3리 마을회관 2층을 활용했는데 지금은 윤스토랑으로 변신하여 길손을 기다리고 있었다. 다음에 친구랑 드라마 얘기하며 윤스토랑에서 밥도 먹고 차도 마셔야겠다.

'비 좀 맞으면 어때, 바람 좀 불면 어때, 우리가 같이 한배를 탔는데,'
'조금 헤메기도 하고, 돌아가기도 하고 ….'

두식이와 혜진이가 한 말을 되뇌어보았다. 그래, 비 내리면 비 맞고, 바람 불면 바람 맞으며 사는 거지. 스티브 도나휴는 《사막을 건너는 여섯 가지 방법》에서 '사하라 사막에서 타이어에 공기를 빼는 것은 부끄러워해야 할 일이 아니다.'라고 한다. 타이어에 공기를 빼야 할 때 공기를 빼지 않으면 많은 사람이 함께 더 깊은 모래웅덩이에 빠질 수 있기 때문이란다.

그렇다. 살다 보면 마음을 내리고 고개 숙여야 할 때가 있다. 자존심이 무너지고 창피할지라도 그 순간을 슬기롭게 대처하는 지혜는 굴욕이 아니다. 자동차 타이어에 공기를 빼고 사막에서 벗어나야만 더 먼 사막을 건너고 달릴 수 있는 것처럼. 손에 쥐고 있는 것을 버려야 새로운 것을 쥘 수 있다고 한다. 내가 손에 꼭 쥐고 있는 것은 무엇일까. 버릴 것은 무엇이며 취할 것은 무엇일까. 이런저런 생각을 하며 이가리 해안으로 걸었다. 저만치에 파란 바다 위에 빨간 지붕이 보이는 전망대가 있었다. 드라마 '런-온(RUN-ON)'에 나온 이가리 닻 전망대다.

이가리 닻 전망대

이가리 닻 전망대

　전망대 옆에 있는 간이해수욕장은 자동차 길과 바로 가까이에 있어서 캠핑하기에 좋은 곳이었다. 해수욕장을 지나 닻 전망대에 올랐다. 선박을 정착시키는 '닻' 모양의 전망대였다. 닻이 향하는 방향은 독도라고 한다. 육지에서 닻을 던져 우리 땅 독도를 단단히 잡겠다는 의지를 표현한 것이 아닐까. 주변을 둘러보니 장관이었다. 거북바위와 기기묘묘한 바위들, 곡선이 아름다운 해수욕장, 광활하게 펼쳐진 바다, 그리고 사람들…. 육지에서 바다를 바라볼 때와는 다른 풍경, 포항해변은 곳곳마다 모두 다르다. 보면 볼수록 알면 알수록 그 매력에 빠지게 된다. 빨간 등대모형과 기념사진도 남겼다.

  닻 전망대에서 내려와 월포해수욕장으로 가는 소나무 숲 언덕에 500여 년 전에 '조경대'가 있었다고 한다. 조경대는 한자를 다르게 사용하여 두 가지의 뜻을 지니고 있었다. 거울같이 맑고 아름다운 바다를 보는 언덕이라는 뜻의 조경대(照鏡臺)와 고래 낚시를 구경하는 언덕이라는 의미를 지닌 조경대(釣鯨臺)다. 지금은 나무에 가려서 바다가 잘 보이지 않지만 당시에는 바다가 훤하게 보였을 것이다. 이름은 두 가지였으나 멋진 풍광을 감상하는 곳으로는 다를 바 없었으리라. 철조망이 해안을 두르고 있을 때 군인들이 이곳에서 해안을 경비했으나 지금은 그 흔적마저도 소나무 숲에 덮여 희미하다. 소나무 숲길을 걸어 포스코수련원 앞에 왔다. 수련원 맞은편에 전설을 품은 용산(龍山)이 있었다.

옛날 이곳에 금슬 좋은 부부가 살았는데 자식을 두지 못했다. 부부는 정성을 다해 천지신명에게 빌고 또 빌어 아들을 얻었다. 그런데 그 아이는 태어난 지 사흘 만에 걸어 다녔다. 부부는 걱정이 되어 집안 어른들과 아이에 대해 의논을 했다. 집안 어른들은 장차 큰일을 저질러 집안을 망하게 할 것이라면서 죽여 없애야 된다고 했다. 부부는 어렵게 얻은 아들을 없애야 한다고 생각하니 하늘이 무너지는 것 같았으나 어찌 할 도리가 없었다. 그런데 이 아이가 죽는 순간 그 산에 살던 용이 아들의 한과 함께 하늘로 날아가 버렸다고 한다. 사람들은 용이 하늘로 날아 가 버린 산이라 하여 용산이라고 부르게 되었다고 한다.

용산에 올라간 적 있다. 산 정상에 널찍한 큰 암반이 있는데 움푹 파인 웅덩이가 두 군데 있었다. 하나는 큰 솥 바위, 다른 하나는 작은 솥 바위라고 했다. 옛날 어느 장수가 용마(龍馬)를 타고 가다가 이 바위에 이르러 큰 솥 바위에 밥을 짓고, 작은 솥 바위에 국을 끓여 먹었다고 한다. 웬만큼 가물어도 물이 고여 있다고 하는 신비한 솥 바위였다. 또한 가뭄이 심할 때는 큰 솥 바위에 물을 가득 채우면 비가 내렸다고 하는 신령스런 바위를 머리에 이고 있는 용산이다. 2018년부터 용산에 터널을 만들어 동해선 무궁화열차가 다닌다. 2025년이 되면 포항-영덕 고속도로도 열릴 것이다. 용이 떠났다는 산속으로 열차가 오고 가고 자동차가 달릴 것이다. 용산을 바라보며 해안길을 따라 가니 월포해수욕장이 펼쳐졌다. 이곳에도 차박하기에 명소였다. 주변에 예쁜 숙소와 찻집들이 즐비했다.

달뜨는 포구

민박집이었던 시댁이 생각난다. 시댁은 월포리에서 오래 전부터 민박을 했었다. 어머님은 여름이 되면 손님 맞을 준비를 하고 수십 년째 찾아오는 단골손님을 기다렸다. 한 해라도 오지 않으면 그들의 안부를 걱정하시곤 했다. 해마다 오는 사람들은 고향 오듯 찾아와 대문 앞에서 '할머니~'부르며 참 반가워했었다. 단골들이 한꺼번에 오는 날이면 어머님은 안방까지 내어주고 당신은 주방에서 주무시기도 했다. 마당에는 평상이 여러 개가 놓이고, 천막으로 짙은 그늘이 드리워졌고, 고기 굽는 연기가 여기저기에서 피어올랐다.

월포해수욕장

　사람들은 수영복을 입고 마당은 물론이요, 큰길에서도 활보를 했다. 팔월 중순 쯤, 태풍이 화려한 여름을 몰고 가면 마을 사람들은 해변에 버려진 쓰레기를 주워 트럭으로 실어냈다. 가끔 쓰레기더미에서 동전이라도 한 닢 주운 날은 횡재라도 만난 듯 즐거워했었다. 피서객이 썰물처럼 떠나가고 바다 청소가 끝나면 마당에 쳐 두었던 그늘 천막도 거두어들이고 추수를 준비했다. 마당에는 벼 가마니와 황금빛 가을 햇살이 그득했다. 민박 하던 방은 창고가 되어 평상과 물놀이용품들이 차지하고, 뒤주가 되기도 했었다. 이제는 어머님도 먼 강을 건너가셨고, 대문이 닫힌 지도 오래되었다. 월포해수욕장에 오면 참 많은 추억들이 떠오른다.

　황금빛 초승달도 만나고 물방울이 동글동글 맺혀 있는 동그란 예술품도 만났다. '밝은 빛 누리에' '밝은 빛이 환하게 비치는 세상에서 예쁘게 살아가라.'는 뜻을 가진 순우리말이라고 한다. 마치 떠오르는 태양 같기도 하고 달 같기도 하다. 스테인리스에 비친 햇살이 영롱했다. 밤이면 달빛을 받아 은은하게 빛나리라.

'달뜨는 포구' 월포(月浦)에서 정월 대보름 달집태우기와 함께 하는 달맞이는 가히 종합예술의 한마당이다. 농악을 울리며 달집 주변을 빙글빙글 돌고, 달집에 불을 넣었다. 불이 활활 타오르고 그 달집이 사그라질 때까지 사람들은 바다 위에 두둥실 떠 있는 달을 바라보며 두 손 모아 소원을 빌었다. 액운은 달집과 함께 태워 날려 보내고 달처럼 환한 기쁨을 맞이하려는 소망을 달님에게 기원했다. 겨울바람은 차가웠지만 인정이 훈훈했었다. 월포해수욕장을 추억하며 방어리를 지나 조사리로 갔다.

맑은 몽돌이 가득한 해변을 지나고 마을에 접어드니 유럽 어느 마을에서나 있음직한 예쁜 집들이 많았다. 수년 전 월포 2리 이장님이 경영하는 어선을 타고 바다에 나가서 조사리 마을을 바라본 적이 있다. 이국적인 집들이 참 아름답다 생각했는데, 오늘은 그 마을 길을 걷는다. 가까이에서 보아도 이색적인 집들이 많았다. '아름다운 조사리 깨끗한 조사리'라는 현수막이 걸린 알록달록한 예쁜 집을 들여다보았다. 버려진 것들이 마당에서 새로운 모습으로 변신하여 꽃처럼 피어있었고, 주인은 보이지 않았다. 집이 예쁘니 이곳 사람들의 마음도 예쁘리라.

● **3코스 조경대길** 오도해수욕장에서 용치바위까지 8.5km, 2시간 소요

용치바위길

고요한 항구 조사리, 마을 입구에 있는 표지판이 친절했다. 마을 앞 해안에 예사롭지 않은 바위를 만났다. 수용암과 용치바위였다. 이 바위 또한 전설이 있었다.

먼 먼 옛날, 하늘나라에서 인간세계를 내려다보니 날이 갈수록 인간들이 사악해지자, 보다 못한 하늘님이 하늘나라를 지키는 용의 새끼를 사람형상으로 변신시켜 인간세계로 보내어 다스리기로 마음먹었다.

그 무렵, 이 마을에 '정덕'이라는 부인이 살고 있었는데. 어느 날 해와 달의 빛을 품에 안는 꿈을 꾼 후 옥동자를 순산하였다. 그 사람이 바로 '원각조사 마흘'이라고 한다. 마흘이 인간 세상에 태어나는 순간 새끼를 잃은 용 부부는 아들을 찾아 헤맨 끝에 이 마을에 태어난 '마흘'이 자기 아들이란 것을 알게 되었다. 그래서 몰래 찾아가기로 마음을 먹고 마흘의 집 근처까지 와서 육지에 올라가려고 했으나 큰 바위들이 가로막았다. 날이 밝기 전에 아들을 찾아 데리고 하늘로 다시 올라가야만 했으니 용 부부는 마음이 조급해졌다. 온힘을 다해 바위를 뚫었으나 쉽게 뚫리지 않았다.

한편, 용 부부가 새끼를 데리러 간 것을 안 하늘님은 몹시 언짢아졌다. 이때, 하늘님이 마흘을 인간세계로 보낸 이유를 아는 거북이가 정덕부인에게 와서 아이를 안고 산으로 피신하라고 일러주었다. 용 부부는 천신만고 끝에 바위를 뚫고 마흘을 데리러 갔으나 이미 정덕부인이 마흘을 데리고 집을 떠난 뒤였다. 낙심한 용 부부가 하늘로 올라가려고 바다로 돌아오니, 하늘이 밝아졌다. 용 부부는 그만 바위로 변해 암용암과 수용암이 되었다고 한다.

용 부부가 뚫었다는 '용치바위'에는 지금도 파도가 크게 이는 날이면 그 굴속에서 '내 새끼야,'하고 울부짖는 애달픈 소리가 들린다고 한다. 용 부부의 간절한 소리를 들으러 한번 와봐야겠다. 아들을 찾으려고 하늘님 몰래 하늘나라에서 인간세계로 왔다는 용 부부의 간절함, 잃어버린 자녀를 찾는 부모의 마음은 하늘나라에서나 인간세계에서나 다를 바 없는 모양이다. 암용암은 도로가 개설될 때 파괴되었고 수용암만 남아 있었다. 암용암을 훼손하지 않고 길을 내는 방법은 없었을까, 아쉬운 생각이 들었다.

용치바위를 둘러보고 화진해수욕장 방면으로 가다가 삼거리에서 원각조사비를 만났다. 마을 이름이 '조사리'인 연유는 원각조사(圓覺祖師)가 태어난 곳이기 때문이란다. 원각조사는 고려 우왕5년(1379) 이 마을

용치바위

에서 태어났다. 당시 가뭄이 심하였는데 조사가 태어나자 14일간 비가 내렸다고 한다. 출가하여 수도하지 않고 스스로 명상하면서 불법을 통달하였으며, 일기와 풍흉을 예측하고 임진왜란이 일어날 것을 예언하여 이인(異人) 또는 성인(聖人)이라 불리었다. 세상을 떠나자 불교의식으로 장례를 하고 '원각조사'라고 칭하였다한다.

옆에 김해 허씨 아홉 형제가 세웠다는 '구우정(九友亭)'이라 적힌 비석도 있었다. 형제의 우애가 아주 돈독했던 모양이다. 형제간의 우애는 내 동생들만 하기도 어려울 것이다. 집안일은 물론이요, 형이 집을 지으니 동생들이 가서 내 일처럼 한다. 기초 공사를 할 때부터 기단은 튼튼한지, 수평은 맞는지 살펴보고, 외벽에 판자를 붙이고, 내부 천장과 벽도 꼼꼼하게 단장하고, 마당에 어떤 나무와 꽃을 심을지도 고민한다. 심지어 형 집 비탈면에 심을 '쿠라피아'라는 식물을 구해서 미리 번식시키기도 한다. 형과 아우가 서로 건강을 걱정하고, 감사하게 여기니 그 우애는 귀감이 되리라.

원각조사비

몽돌해변이 이어졌다. 이곳은 군사훈련장이며 영화 〈고지전〉이 촬영된 곳이기도 하다. 〈고지전〉은 1953년 한국전쟁이 끝날 무렵 북한과 유엔군의 협정이 진행되는 시기 '애록고지'를 탈환 하기 위한 치열한 전투를 보여주는 영화이다. 영화 속 '포항철수작전'이 바로 이곳에서 촬영되었다. 군함에 승선하려고 군인들이 있는 힘을 다하지만 군함은 이들을 남겨둔 채 떠난다. 하지만 그 장면은 역사적 사실과 다르게 제작되었다. 실제 '포항철수작전'은 4척의 상륙함으로 군인과 민간인을 포함해 2만여 명을 무사히 철수시킨 자랑스러운 작전이었다. 영화 속에는 승선한 중대원들을 살리기 위해 승선인원 초과 이유로 승선하려는 아군을 향해 총을 쏘는 장면으로 나온다. 사실대로 연출이 되었더라면 더 좋은 영화가 되지 않았을까, 생각하며 텅 빈 바다를 바라보았다. 바다는 아무것도 모르는 척 어깨만 가벼이 흔들었다. 포항에서 촬영한 전쟁영화는 〈고지전〉외에도 〈포화 속으로〉 〈남부군〉이 있다. 전쟁과 영화를 생각하며 해안을 걷다가 줄다리기 모습이 그려진 벽화를 만났다.

앉은 줄다리기가 전승되는 구진리다. 전설에 따르면, 옛날 이 마을에 2~3년에 한 번씩 별신굿을 했는데 어느 해 굿을 하던 무당이 굿판에서 급사하고 말았다. 이를 불길하게 여긴 마을 사람들이 점치는 사람에게 물었더니, 앞으로는 별신굿은 하지 말고 정월 대보름에 줄을 당기되, 여자들만 당겨야 한다고 했다. 그래서 이때부터 남성들은 줄다리기 준비를 하고 여성들은 엉덩이를 땅에 붙이고 앉아서 줄을 당기기 시작했다고 한다.

어느 해 줄다리기 하는 날 이곳에 왔었다. 축제장 같았다. 정해진 시간이 되자 남성들이 마을 앞 공터에 줄 머리를 중심으로 하여 남북으로 네 가닥의 줄을 길게 펼쳤다. 갯목을 줄 머리 앞에 두고 제상을 차려 의례를 행한 후 갯목으로 암줄과 수줄을 연결하였다. 양편에 각각 흰옷 입고 흰 수건을 머리에 쓴 아낙네들이 네 줄로 앉아 줄을 잡았다. 남성들은 징과 꽹과리를 치면서 응원을 했고 여성들은 앉아서 줄을 힘껏 당겼다. 줄다리기가 끝나자 이긴 팀은 풍물패를 앞세우고 갯목을 어깨에 메고 춤을 추며 마을을 돌아 제당 앞에 갯목을 내려두고 제례를 행했다. 신명나는 잔치였다. 술과 떡, 고기와 해산물들이 넉넉하고 풍물단의 흥겨움이 고요하던 마을을 흔들어 깨웠다. 2016년 '앉은 줄다리기'가 향토문화유산으로 지정되면서 송라초등학교에서 재현된다. 구진 마을을 지나는데 비행기 소리가 요란했다.

길에서 만나요

홀로 걷는 여인을 만났다. 여름이 오기 전 해파랑길 50구간을 완보할 계획이라고 했다. 울산에서 출발해서 8일째 걷는 중이라고 했다. 무거운 배낭을 메고 다니는 모습을 보니 나를 보는 것 같았다. 오랜 기간 걸으면 발에 물집이 생기지 않느냐고 물었더니 바늘과 실을 가지고 다니며 발바닥에 생긴 물집을 터뜨리고 실을 꽂아 이틀쯤 자고 나면 생기지 않더라고. 물집방지용 패드도 사용해 보았지만 요즈음은 물집방지용 양말이 있어 아주 편하게 걸을 수 있다고 했다. 아무리 오래 걸어도 발에 물집이 생기지 않는 사람을 보면 정말 신기하기도 하고 부럽기도 하다.

배낭에 부착된 작은 태극기가 눈에 띄었다. 산티아고 순례길 걸을 때 멘 배낭이라고 했다. 나도 해파랑길을 걸으며 태극기를 배낭에 꽂고 다니기도 했는데, 사람들이 '태극기부대'냐고 묻기에 그 후로 태극기 없이 걸었다. 그때가 그립다. 성도 이름도 모르는 사람이었지만 짧은 순간에 많은 이야기를 나눈 것 같았다. 10kg의 묵직한 배낭을 메고 홀로 강원도 고성까지 간다는 여인은 '다음에 길에서 만나요.'라는 말을 남기고 뚜벅뚜벅 걸어갔다. 소걸음으로 걸어가는 뒷모습이 보이지 않을 때 까지 바라보았다. '길에서 만나요~' 언젠가 인연이 닿으면 길에서 만나질 것이다. 건강한 웃음을 나눈 여인에게 안전하게 완보하기를 응원하며 나도 힘을 얻었다. 화진1교를 지나고 해안에 이어지는 솔숲을 지나자 화진해수욕장이 펼쳐졌다.

화진해수욕장

    몇 해 전만 해도 화진해변의 일부구간은 군사훈련장이라 들어갈 수 없었다. 지금은 모두 철거되고 넓은 모래밭만 남아있다. 사람들은 이곳에 바람이 불어 모래가 날려 다니면 곳곳에 유골이 있어서 '썩은숭이네 고랑'이라고 했단다. 일제강점기에 송라초등학교의 일본인 교장이 고요한 달밤에 이곳을 찾아와서 제물을 바치고 통곡을 했다고도 한다.
    2005년부터 현충일에 포항 노거수회(老巨樹會)에서 임진왜란 때 이곳

전투에서 목숨 잃은 왜구들과 우리나라 병사들의 넋을 달래는 '임란 화산불 전몰호국영령 위령제'를 지낸다. 한 때는 군장병들과 지역 인사들도 참석하고 살풀이춤과 헌다례 등 풍성하게 베풀었으나 해가 거듭될수록 위령제를 시작했던 분들도 연세가 많아지고 참석인원도 줄어들고 있다. 붉은 해당화가 드문드문 피어있었다. 마치 한 점의 기록도 없이 사라져버린 무명용사들 혼령 같았다. 전쟁과 평화를 생각하며 바다를 바라보았다. 갯메꽃 줄기는 모래밭을 쓰다듬고 수평선은 아득했다.

바다 동물원

화진해수욕장을 지나 영덕방면으로 이어지는 마루길을 따라가다가 고래바위를 만났다. 바다 속에 큰 고래가 파도를 타며 유영하는 듯했다. 마치 바다 속 동물원처럼 다양한 형상의 바위들이 각기 다른 형태로 살아 움직이는 것 같았다. 파도가 출렁이는 날이면 이곳에 있는 동물들은 더 신명 나게 파도와 춤을 출지도 모르겠다.

비석바위도 있었다. 자연이 빚은 비석 모양의 바위, 파도가 새겨둔 언어가 깊숙이 감추어져 있으리라. 사람의 눈으로는 볼 수 없는 그들만의 언어는 영원히 지워지지 않을 것이다. 나도 나만의 언어를 갖고 싶다. 신기한 바위들을 구경하며 예쁜 나무다리를 건넜다. 둥글게 감은 철조망이 이어지고 초소로 보이는 곳도 있었다. 군사작전구역이다. 바위에 꽂혀 있는 유리조각들이 군사경계지역임을 말하고 있었다.

바위 위 전망대에서 내가 걸어 온 길을 바라보았다. 아름다웠다. 바다와 육지가 만나는 휘어진 길도, 좁다란 길도 마음을 고요하게 해 주었다. 전망대에서 내려와 조심스레 바위 위를 걸어가다가 호랑이바위를 만났다. 바다를 향해 포효하는 범의 우렁찬 소리가 들려올 것 같았다. 해안으로 내려가 호랑이바위 가까이에서 파도와 몽돌의 속삭임을 엿들으며 사진도 찍었다. 빨간등대와 푸른 바다를 배경 삼아 사진 찍기 좋은 곳으로도 손색이 없었다. 삼삼오오 짝을 지어 바다를 감상하며 산책하는 사람들의 모습도 자연의 일부가 된 듯 평화로웠다. 코로나19로 인해 자유롭게 여행을 다니지 못했던 사람들도 일상의 활기를 되찾은 것 같아 보기 좋았다.

언덕 위에 있는 카페와 다양한 꽃과 식물들이 푸른 바다와 어우러져 궁전 같았다. 카페에 앉아 바다를 감상하는 사람도, 해안으로 내려와 산

호랑이바위

책을 즐기는 사람들도 모두 영화 속 주인공 같았다. 나도 주인공처럼 천천히 작은 나무다리를 건너고 바위길을 지났다. 포항시 북구 송라면 지경리 동해대로 3356-20, 지경리 어촌계공동작업장이다. 몇 걸음을 더 걸으면 영덕군이었다.

● **4코스 용치바위길**   용치바위에서 호랑이바위까지 6.9km, 1시간 30분 소요

포항운하길

물빛마루에서 동빈큰다리

영하 6도, 바람도 차가웠다. 겨울에 오래 걷는 일은 다소 무리이다. 하지만 길이 나를 불렀다. 보온병에 뜨거운 물과 김밥을 챙겨 배낭에 담아 집을 나섰다. 옷을 꽁꽁 여미고 포항종합운동장 옆 형산강변에 있는 물빛마루에서 포항운하 방면으로 걸었다. 강물은 아침 햇살을 만나 춤을 추었다. 윤슬이다. 눈이 부신다. 강물 위에는 청둥오리와 철새들이 오선지 위의 음표처럼 떠 있다. 찬바람이 강물을 훑고 다니지만 윤기 흐르는 깃털과 그 모습은 평화롭다. 외유내강이라 할까. 겉모습은 부드럽게 보이지만 내면은 강인한. 물 위에 떠있는 모습은 고요하고 아름답게 보이지만 물 속에 잠긴 발은 얼마나 야무지게 움직일까. 나도 저 새들처럼 부드러움과 강인함이 잘 조화된 사람이면 좋겠다. 물 위에 풍선처럼 떠 있는 겨울 철새들에게서 그 지혜를 배운다.

형산강 윤슬과 포스코

걸을 수 있는 자유, 파란 하늘과 흰 구름, 그리고 반짝이며 유유히 흐르는 강물을 벗 삼아 걷는 행복. 오늘도 감사한 날이다. 비록 마스크는 했지만 큰 호흡으로 강바람을 마셨다. 싸늘한 공기가 움츠렸던 가슴을 활짝 펴게 했다. 강 건너편에 포스코가 성큼 다가왔다. 공장 굴뚝에서 뿜어져 나오는 하얀 김이 무척 반갑다. 김이 오르지 않을 때는 정말이지 거대한 무덤을 보는 것 같았다. 가슴이 먹먹하고 눈물이 났었는데 굴뚝에서 김이 피어오르고 불이 밝혀지니 새 생명이 탄생한 듯 기쁘다.

2022년 9월 6일 새벽, 4시간 만에 354밀리미터를 기록한 폭우가 이 지역에 쏟아졌다. 전날, 포스코 경영진은 모든 공장을 가동 중단하는 비상 결단을 내렸다. '神의 한 수'라 불리는 그 결단이 없었다면 과연 어떻게 되었을까. 상상만 해도 끔찍하다. 폭발, 전쟁터, 아비규환…. 쇳물이 흐르기 시작한 지 50년 만에 숨을 멈춘 셈이다.

포스코 3문 옆에 흐르는 냉천이 범람하면서 620만 톤의 흙탕물이 포스코와 그 인근을 덮쳤다. 삽시간이었다. 전기와 수도시설이 침수되어 암흑천지 물웅덩이가 되고 말았다. 황톳물은 깊이 15미터, 길이 400여 미터를 가득 채우고 땅 위에 1미터가 넘게 고였다. 주요 설비들은 지하에서 펄에 묻혀 숨을 멈추었다. 포스코 창립 최초로 해병1사단 수륙양용장갑차가 공장 안으로 들어와 길을 내었다. 뒤를 이어 소방차가 진입해서 구조 활동을 하고, 경상북도에서 지원한 '대형 방사포'로 지하에 있는 물을 뽑아내고, 지하에 쌓인 펄은 양동이에 담아 옮겨 제거했다.

'기적' 포스코 창립은 '무에서 유를 이룬 기적'이었다면, 힌남노 피해 복구는 '포스코의 재탄생'이라 할 만하다. 호흡을 멈춘 공장을 되살린 일은 포스코의 역사를 다시 쓰게 할 것이다. 이번 일을 계기로 각기 다른 시각으로 바라보던 창립멤버들과 MZ세대들의 간격도 허물어졌다고 한다. 선배들은 후배들의 반짝이는 아이디어와 재치를 대견스럽게 여기고, 후배들은 선배들의 노련한 기술력과 판단력을 존중하게 되었단다. 미래에는 힌남노 침수 피해를 겪은 세대와 겪지 않은 세대로 구분될지도 모른다.

해병대원·소방대원·시민·철강인·자원봉사자·협력사, 심지어 경쟁사들도 재빠르게 도왔다. 빨라도 2년이 걸린다는 복구 기간을 135일 만에 이루었으니 대단한 기적이다. 무엇보다도 사람이 먼저다. 사람과 사람 사이의 갈등이 해소되고 서로를 인정하고 아끼는 분위기라면 무슨 일인들 이루지 못할까. 뚜렷하다. 'With POSCO' 발걸음이 가벼워졌다.

포항운하

강물을 따라 포항운하에 도착했다. 1970년대부터 이 일대는 주거지역이었다. 예부터 형산강에서 도심으로 물이 흘렀지만 그 물길을 막아 주거공간으로 활용하였다. 2003년 다시 물길을 열어 크루즈를 운행하는 도심 속 아름다운 수변공원으로 재탄생했다. 포항운하 전시실과 이주자의 벽, 주변 경관을 둘러보고 3층 전망대에서 강 건너 살아 움직이는 포스코를 바라보며 다리쉼을 했다. 바람이 차가웠다.

전망대에서 동빈내항 방면으로 향했다. 고요히 흐르는 운하의 물길과 같은 방향으로 걷는다. 물도 흐르고 세월도 흐르고 내 마음도 흐른다. 이 물은 어디에서 시작되어 어디로 가는 걸까. 깊은 산 옹달샘으로 솟아

포항운하

　시냇물이 되어 강물을 만나 바다로 가리라. 바닷물은 하늘로 올라 다시 빗물 되어 땅으로 내려와 옹달샘이 되어 흐르고 흐르리라.
　저만치에 운하를 가로지르는 빨간색 다리가 선명하다. '탈랑교(橋)'다. 예쁘다. '미'음계쯤 되는 듯하다. '탈랑교' 아래를 지나자 커다란 '민들레 폴리(Dandelion Folly)'가 나그네를 맞이했다. 포항불빛축제의 불꽃을 빛과 민들레 홀씨로 형상화한 작품이다. 아래에서 하늘로 향해 사진을 찍었다. 파란하늘을 향해 활짝 핀 커다란 세 송이 민들레가 동화 같았다. '민들레 폴리' 옆에는 탁구 라켓을 들고 마주보며 금방이라도 뛰어갈 듯 발랄한 소녀를 표현한 '너는 나다, 나는 너다'가 발걸음을 가볍게 해 주었다. '나는 나다, 너는 너다.'가 아니라 '너는 나고, 나는 너'란다. 이렇게 마음 통하는 사람들과 함께라면 어디서 무엇을 한들 어찌 즐겁지 아니할까.
　물길을 따라 곳곳에 스틸아트들이 설치되어 있어 야외미술관이라 할 만하다. '장사의 꿈'도 감상하고, 튼실한 다리에 의지해 살아가는 '가족'도 만났다. 작가의 상상력은 놀랍다. 맞다. 다리가 튼튼해야 한다. 힘줄이 불끈불끈 돋아있는 종아리는 활력 그 자체다. 건강한 다리로 이렇게 걸을 수 있으니 참 다행이다.

 '말랑교(橋)'도 만나고 '우짤랑교(橋)'도 만났다. 어떤 할아버지와 할머니가 길을 나섰다. 강물 위에 지나가는 유람선을 본 할머니는 유람선

탈랑교

우짤랑교

을 타고 싶었다. 할아버지한테 '영감, 영감, 우리도 저 배 한번 탈랑교?' 했더니 아무런 말이 없었다. 할머니는 애교 섞인 목소리로 '말랑교?' 하고 물으며 눈치를 살폈다. 그래도 영감은 묵묵부답. 할머니는 속이 상했다. '영감, 배를 탈랑교? 말랑교? 우짤랑교? 말 좀 해 보소.'라고 소리 질렀다. 지나가던 사람이 그 소리를 듣고 다리이름을 정했다고 한다. 마치 전설처럼. 표준어로 표기하면 '영감, 배를 탈까요? 타지 말까요? 어떻게 할 거예요? 말씀 좀 해보세요.'라고 할 수 있겠다. 표준어로는 느낄 수 없는 방언의 매력이다.

죽도시장 어판장 앞을 지났다. 찬바람만 서성거렸다. 차가운 바람과도 동행이다. '동빈나루 달빛 전망대' 앞에 멈추었다. 오늘 밤 달이 돋을까. '동빈큰다리'가 송도방면으로 이어졌다.

형산강길

물빛마루에서 강동

　새해가 시작된 지 열 나흘째 되는 날 오전, 형산강 물빛나루에서 강동으로 걷기 시작했다. 강바람은 차가웠지만 햇살이 따스했다. 삼한사온이 무너졌다고는 하지만 꼭 그런 것 같지도 않다. 운동 다니는 사람들도 많다. 모두 마스크 착용하고, 모자 쓰고, 선글라스까지 썼으니 누가 누구인지 알 수가 없을 정도다. 강둑에는 보행보조기를 밀며 걸어 다니는 할머니도 보였다. 검정색 모자와 빨간색 목도리, 두꺼운 외투를 입고 허리를 질끈 묶은 채 보행보조기를 힘차게 밀며 다녔다. 허리가 구부러진 할머니의 운동하는 모습이 보기 좋았다. 소풍 끝나는 날까지 건강하게 살았으면 좋겠다. 모든 사람들이.

　어머니는 보행 보조기 의자 안에 벽돌 두 장을 넣고 다니니 좋더라고 했다. 내리막이나 오르막길에는 보행보조기가 너무 가벼워서 벽돌이나 물병을 싣고 다니니 덜 위험하더라고. 들길에 다니다가 힘들 때는 의자처럼 앉아 쉴 수 있어 좋더라고 하셨다. 어머니와 함께 다니던 보행보조기는 주인을 기다린 지 4년이 훌쩍 지나고 말았다.

　강변 나무 의자에 앉아 잠시 다리쉼을 했다. 갈대와 억새가 바람에 나부끼고 강물은 고요히 찰랑거렸다. 형산강은 철새 도래지이기도 하다. 새들은 얼음 위로 쪼로로 내달리기도 하고 강물 위에 동동 떠 있기도 했다. 사람이 가까이 가도 먹이를 쪼아 먹느라 날아가지도 않는다. 사람이 저들을 괴롭히지 않는다는 것을 아는 모양이다. 도리어 새들이 나에게 곧 봄날이 올 거라고, 종알거리는 것 같았다.

형산강

그렇다. 강물이 있으니 새도 오고 사람들이 모여든다. 예부터 사람들은 강가에 살기 시작하면서 가족과 이웃이 생기고 다투기도 하고, 전쟁도 하면서 역사가 시작되었으리라. 또한 강물을 따라 문물교류가 활발해지고 상업이 발달되고 사람의 왕래가 잦아지면서 생각도 열리고 더 넓은 세상을 이루며 살았으리라.

부조장터

형산강에도 물류가 풍성했던 부조장이 있었다고 한다. 200여 년 전 서해의 강경장·남해의 마산장과 함께 남한의 3대 시장이라고 할 만큼 번창했다고 한다. 안동·의성·예천 등 오늘날 경북 북부지역과 충청도·

전라도 사람들도 왕래하는 대단한 장시였다고. 함경도·강원도·전라도에서 온 어선과 상선들이 형산강에 가득했고, 짐을 실은 조랑말과 마부들, 보부상들의 행렬도 장관이었다고 한다. 사실이었음을 증명하는 '좌상대도접장김이형유공비(左商隊都接長金以亨有功碑)'가 전한다.

당시에는 '우상대(右商隊)'와 '좌상대(左商隊)'가 있었는데, 이를 합하여 '보부상(褓負商)'이라고 했다. '우상대'는 '보상(褓商)'이라고도 하며 물건을 보자기에 싸서 메고 다니며 파는 상인을 가리킨다. '좌상대'는 '부상(負商)'이라고도 하며, 물건을 등에 지고 다니는 상인을 뜻하니, 좌상대의 대표였던 김이형의 공적을 기리는 비석이다. 이외에도 주변에 1878년 장시를 다시 연 영일현감 조동훈의 선정을 기리는 '현감조공동훈복시선정비(縣監趙公東勳復市善政碑)'와 1887년 행상접장(行商接長)과 부상접장(負商接長)이 현감 남순원의 선정을 기리기 위해 세운 '현감남공순원선정비(縣監南公順元善政碑)', 상인들의 불편한 사항을 해결하고, 상거래 질서를 바로잡고, 시장 활성화에 기여한 공이 컸던 관찰사 윤상국을 기리는 '관찰사윤상국자승영세불망비(觀察使尹相國慈承永世不忘碑)' 등이 있어 융성했던 부조장을 짐작할 수 있다. 마치 옛 그림책 이야기 같다.

오늘날은 강을 따라 고층빌딩들과 찻집들이 이어지고 다양한 종류의 꽃과 나무를 심고, 쉼터가 만들어져 있다. 자전거가 달리고, 사람이 걷기 좋은 길이 되었다. 이 강을 따라 거슬러 가면 경주로 이어진다. 지금은 겨울이라 꽃씨들은 따스한 봄날을 기다리며 땅속에서 꿈꾸고 있으리라. 하늘을 향한 나목들의 여린 가지가 뜨거운 실핏줄 같았다. 하늘엔 구름 한 점 없고, 높다란 나무 우듬지에 새 한 마리 앉았다가 높이 날아갔다.

영일만대로 아래를 지났다. 운동 시설과 휴식공간, 벽화가 아름다웠다. 이곳에는 비가 와도 비를 맞지 않고 운동할 수 있겠다. 하지만 다리 위로 달리는 자동차 소리가 시끄러웠다. 다리 아래를 지나자 맨발 걷기 길이 이어졌다. 맨발 걷기의 효능과 현재의 위치를 표시한 안내판이 설치되어 있었다. 맨발로 걷고 싶었으나 추운 날씨와 발을 씻을 곳이 마땅하지 않아 그냥 걸었다. 마사토가 깔린 부드러운 길이었다.

형산강 장미원을 지났다. 꽃이 피면 형형색색의 아름다운 꽃과 향기로 그윽할 것이다. 포토존 옆 벤치에 여학생 두 명이 책을 읽고 있었다. 참 보기 좋았다. 고개 숙여 독서 하는 여학생 등 위에 내려앉은 햇살이 따스해 보였다. 무슨 책을 읽을까. 겨울 날, 벤치에 앉아 책 읽는 모습은 정말 아름답다. 책을 읽다가 잠시 고개 들고 하늘을 바라보다가 강물도 바라보고 사색에 잠기곤 했다. 예쁜 여학생의 모습을 내 마음에 포근히 담았다. 마음 속에 잠자고 있던 갈래머리 여학생이 깨어나는 듯했다.

강을 따라 이어지는 꽃길에 씨앗을 심어두었나 보다. 〈해바라기 파종 중입니다. 안으로 들어가지 마세요〉 이런 문구를 보고 함부로 들어갈 사람이 과연 있을까. 봄 되면 새싹 틔우고 줄기와 잎사귀들이 무성하여 태양 같은 꽃을 피우리라. 태양 꽃이 환하게 밝히는 날 다시 이곳에 와야겠다. 강가에는 힘차게 낚싯대를 당기는 사람도 있었다. 낚시 전문가는 아닌듯했다. 어릴 적에 이곳에서 고기 잡으며 놀았던 사람이 아닐까. 아마도 추억을 건지고 있으리라.

언 강 위로 햇살이 쏟아지고 철새들은 얼음장 위에서 쪼로로 걷다가 물위에서 풍선처럼 동실동실 떠 있다. 강변 숲에 있던 한 무리 새떼가 푸드득 강물 위로 걷는 듯이 날아갔다. 강물을 가만히 바라보았다. 햇살이 강물 위로 쏟아졌다. 찬란했다. 햇살은 저런 빛이구나. 물에 비친 햇살은 수정처럼 빛을 내며 직선으로 마구마구 쏟아졌다. 황홀했다. 햇살과 강물의 만남이 저렇게 찬란하다니. 한참 동안 황홀한 만남을 바라보다가 고개를 드니 할머니 한 분이 손녀를 데리고 산책하며 철새 이야기를 하는 듯했다.

할머니와 쌍둥이 손녀

아이들은 양쪽에서 할머니의 손을 잡고 아장아장 걸었다. 쌍둥이인 듯했다. 똑같은 옷을 입었고 키도 모습도 똑같았으니까. 할머니와 친구처럼 강변을 거니는 모습. 참 아름다웠다. 나도 할머니가 되면 손주 손 잡고 산책도 다니고 동화책도 읽어 주리라. 아이는 눈을 깜빡이며 할머니를 빤히 바라보겠지.

유금들

강을 거슬러 강동방면으로 오니 강은 더 꽝꽝 얼어있었다. 이곳에는 새도 없었다. 오른쪽은 제산이요, 왼쪽은 형산이다. 강 건너 형산 위에는 김부 대왕과 태자 김충을 모시는 기원정사가 있고, 자식을 얻게 해준다는 기도처가 있다. 기원정사에서 내려다보면 포항시가지가 한 눈에 펼쳐진다. 제산 앞에 펼쳐진 들녘이 유금들이다. 김부 대왕과 태자 김충, 유금들에 얽힌 전설이 있다.

아주 옛날 형산과 제산이 나누어지기 전에는 경주시 안강 일대가 넓은 호수였는데 호수의 물이 넘치면 피해가 아주 컸다고 한다. 신라의 마지막 왕 김부는 나라의 앞날을 예측할 수 없는 상황이었다. 암담한 마음으로 나라의 미래에 대한 점을 보았더니 왕위를 찬탈할 역적이 동쪽에서 일어날 것이니 산을 잘라 호수에 있는 물을 바다로 흘러 보내면 역적을 막을 수 있다고 했다. 왕은 태자 김충과 백일기도를 시작했고 김충은 기도 끝에 큰 구렁이가 되었다. 그러나 사람들이 그를 용이라고 불러줘야만 용이 될 수 있었다. 길에 누워서 지나가는 사람이 용으로 불러주기를 기다렸으나 아무도 그렇게 불러주지 않았다. 99일째 되는 날, 한 노인이 아이를 업고 지나가다가 큰 구렁이를 보고 깜짝 놀라자 업혀있던 아이가 '할머니, 용이예요.'라고 했다. 그 순간 구렁이는 용이 되어 하늘로 올라가면서 꼬리로 산을 치자 산이 나누어지면서 호수에 있던 물이 바다로 흘러가고 넓은 들이 되었다. 용이라고 한 아이의 이름이 '유금'이였기 때문에 '유금들'이라고 한단다.

제산과 형산

　제산터널로 포스코 철강제품을 운송하는 화물열차가 간간이 다닐 뿐, 2015년 KTX가 개통되면서 여객열차는 다니지 않는다. 이 철길에서 큰 아픔이 있었다. 철길 옆에 있는 비석이 그날의 아픔을 말해주었다. 1973년 5월 16일, 이곳 철길 건널목에서 열차와 학생을 실은 통학버스가 충돌하여 학생 25명이 목숨을 잃었다. 그때 다치지 않았던 자명초등학교 동문들이 먼저 간 친구들의 넋을 위로하기 위하여 추모비를 세워두었다. 추모비 뒤쪽에는 그날의 철길이 그대로 있었다. 추모비를 살펴보고 외팔교 위를 걸어 강동으로 향했다. 마루길이 말끔했다.

　이 길은 울산·경주·포항 세 도시가 함께 형산강 프로젝트로 만든 길이다. 형산강 발원지는 울산시 울주군 백운산이라고도 하고, 경북 경주시 서면이라고도 한다. 큰 강이 시작되는 지점을 한 곳이라고만 단정할 수 있을까. 깊은 산 속 옹달샘에서 시작되는 물들이 흘러흘러 모여서 넓은 강을 이루고 마침내 바다로 갈 터인데, 발원지가 맞다, 아니다 논쟁

할 일은 아닌 것 같다. 나만의 짧은 생각일까.

　열차가 다니던 유강터널을 바라보며 외팔교 위를 걸었다. 여전히 강물은 얼어있었다. 자전거를 타고 달리는 사람들은 명랑했고, 자전거 바퀴도 아주 쾌하게 굴렀다. 포항에서 걸어서 경주로 왔다. 형산강 역사문화관광공원에는 보부상 모습의 청동상과 보부상 이야기 안내문이 설치되어 있고, 유금들은 봄을 기다리고 있었다. 공원을 둘러보고 강변 산책로를 걸었다.

　철새 떼가 무리 지어 날았다. 구름 한 점 없는 파란 하늘, 날갯짓 하는 새들의 군무. 끼룩끼룩 무어라 지저귀며 한참 동안 높이 올라갔다 내려갔다, 이리저리 방향을 바꾸어가며 하늘을 선회했다. 저들에게도 선두가 있고 나름대로 규칙이 있다고 한다. 그 규칙을 잘 지켜야만 살기 좋은 곳을 향해 멀리까지 날아갈 수 있으리라. 멀리 날기 위해 준비하는 새들의 군무를 보며 마음을 가다듬는다. 얼음장 아래로 흐르는 강물은 바다로 향하고 나는 강을 거슬러 국당2교로 향했다.

호국 이야기

신라 · 고려 · 조선

남미질부성

　연못에 연꽃이 가득했다. 주민 서너 명 쉼터에 앉아있고 버드나무 가지는 바람에 흔들리고 있었다. 고요했다. 포항시 북구 흥해읍 남성리, 신라 지증왕 때 쌓았다는 남미질부성터이다. 처음 가는 사람은 찾기가 쉽지 않겠다. 흥해119안전센터 맞은편 골목으로 만서세화타운 4차 아파트 옆을 지나 좁다란 골목을 따라 버드나무가 있는 연못가에 멈추었다. 이곳이 포항시 북구 흥해읍 남미질로 54번길 남미질부성터다. 주변을 둘러 보았지만 성의 흔적은 보이지 않았다.

　남미질부성은 1994년 경상북도 기념물로 지정되었으며 포항시 북구 흥해읍 남성리, 망천리, 중성리 일원에 걸쳐져 있었다. 남쪽 구릉지는 흙으로 성벽을 쌓았고, 성안에는 못 하나, 우물이 세 군데 있었으며 성의 둘레는 2km정도 되었고, 성안에는 사람들이 살았다고 한다. 또한 역사서에도 성에 관한 기록이 전한다.

　《삼국사기》신라본기에 신라 소지왕 3년(481), 고구려가 남하하여 미질부로 진격하여 백제와 가야로부터 원군을 얻어 물리쳤으며, 지증왕5년(504), 사람을 모아 파리성(삼척부근), 미실성(흥해), 골화성(영천) 등 12곳에 성을 쌓았다고 하니 고구려와 접경지였음을 알 수 있다.《동국여지승람》흥해군 편에는 고려 태조13년(930) 북미질부성주 훤달이 남미질부성주와 함께 와서 항복하였으므로 두 미질부를 합하여 흥해군으로 하였다고 한다. 미질부성은 미실성으로 추정하기도 하니 같은 장소일 것이다. 이런 기록이라도 남아있으니 성의 내력을 알 수 있어 다행이다. '기록하지 않으면 기억나지 않는다.'는 말이 되새겨진다.

 몇 해 전 포항시 북구 기북면 성법리에 사는 최고령자 정석진 할머니(당시 95세)의 살아온 이야기를 채록하고 정리한 적 있다. 열일곱 살 꽃봉오리 같은 나이에 종갓집 맏며느리로 시집와서 서른두 살 고운 나이에 남편과 사별하고 별난 시어머니 아래 다섯 남매 키우며 살아오신 이야기를 담담하게 들려주었다. 산에 가서 나물 뜯고, 누에도 치고, 고치에서 실을 자아내어 옷도 만들고, 목화 따서 솜이불 만들고, 보릿짚 땋아 팔고… 애비 없는 자식 소리 안 듣게 하려고…. 살아온 이야기를 어찌 다 말할 수 있겠노. 하시던 할머니도 채록을 한 지 두 해 지나 하늘나라로 가셨다. 기록으로 남겨두지 않았으면 영원히 사라지고 말았을 할머니의 삶이었다.

 나는 평소 작은 메모지와 볼펜을 들고 다닌다. 문득문득 생각나거나 보고 들은 이야기를 적어두기 위해서이다. 그렇게 하지 않으면 까맣게 잊어버리고 당황하고 답답할 때가 있기 때문이다. 수첩을 펼치며 '생존하려면 적어야 한다.'면서 '적자생존'을 외치며 웃던 어느 기자의 모습도 생각난다.

 본디 남미질부성은 흥해읍 망천리에서 현재 흥해읍사무소가 있는 옥성리와 연결이 되어있었으나 도로가 만들어지면서 두 동강 나고 말았다. 1993년 흥해읍 청사 건립 당시 원삼국시대부터 삼국시대에 걸친 목관묘·목곽묘·적석목곽묘·석곽묘·옹관묘 등 250기가 넘는 무덤과 다양한 토기류·무기류·농기구류·장신구 등이 발굴되었다. 옥성리 고분에서 출토된 오리모양 토기는 국립경주박물관에 전시되어 있다. 남미질부성과 연관된 유적지로 여겨지지만 이 또한 짐작만 할 뿐이다.

현재 남미질부 성터에는 못과 우물이 한 군데 남아있고, 남성리에 '못산 마을'이 있으며, 이 마을 서편 구릉지에 성주의 무덤으로 추정되는 고분도 여러 기 있다. 그리고 남산초등학교와 흥해성당이 있으며 아파트(서희스타힐스)가 건축 중이다. 2000년 초 만하더라도 성터 위에 올라가면 성벽의 흔적을 볼 수 있었지만 최근에는 개발이 되면서 그 흔적마저도 찾기가 어렵게 되었다.

북미질부성

남미질부성과 같은 시기에 쌓았다고 하는 북미질부성으로 갔다. 남미질부성과 약 4km정도 떨어져있었다. 흥해읍 넓은 들녘을 지나 칠포해수욕장 방면으로 가다가 흥안2리 표지판을 따라 오른쪽으로 이어지는 들길을 천천히 달렸다. 흥해 안뜰 한가운데를 지나는 것 같았다. 연당교를 건너 흥안2리 마을버스정류장 부근에 주차를 하고 칠포로 258번길 골목 안으로 들어가 오른쪽 산자락을 올랐다. 고인돌과 여러 기의 무덤들이 있었다. 강이 훤히 내려다보이는 곳은 아마도 망루가 있었지 않았을까. 동해에서 강을 거슬러 침략해 오는 적군들을 발견하면 화살을 쏘아 물리쳤으리라. 또한 남미질부성으로 적의 침입소식도 전했으리라.

바다로 침입해오는 적과 육지에서 침략하는 적을 막아야 했으니 최전방이라 할 만하다. 천년 신라가 유지될 수 있었던 것은 최전방에 성을

북미질부성과 참포관소

쌓고 국방을 튼튼히 했기 때문이리라. 그렇다. 국방의 힘은 강해야 한다. 침략을 당하지 않으려면 스스로 힘을 길러야 한다. 국가든 개인이든 스스로 가진 힘이 단단하면 쉽게 무너지지 않는다. 강인한 힘은 상대를 무너뜨리기 위해서라 아니라 나를 지키기 위함이다.

강이 있는 쪽은 낭떠러지이기 때문에 자연적인 해자로 활용했고, 육지와 연결되어 있는 북쪽은 토성을 쌓은 흔적이 뚜렷했다. 바닥에는 곳곳에 둥근 모양의 자잘한 돌멩이들도 많았다. 아마도 무덤에 사용되었던 돌인 것 같다. 발굴을 하지 않아 알 수는 없지만 이곳에도 고분들이 있지 않았을까. 오늘날 무덤들이 많이 있는 것처럼.

2015년 최세윤 의병대장 기념사업회에서 의병의 날 체험행사를 이곳에서 진행한 적 있다. 지도에 표시된 장소를 찾아 도장을 찍어오는 프로그램이었다. 참가한 학생과 일반인들은 흰색 바지저고리를 입고, 징검다리로 강을 건너고, 산에 올라 대숲을 지나고, 성 위에서 모래주머니를 쌓아 참호를 만들고, 보트를 타고 강을 건너 목적지로 돌아와 주먹밥을 먹었다. 땀 뻘뻘 흘리며 산을 오르고 달리던 학생들의 모습이 눈앞에 훤히 보이는 듯 했다. 이 행사는 코로나19 이후로 '전국 한시지상백일장'으로 교체되었다. 성 위에는 빈 바람만 수런거렸다.

북미질부성에서 내려와 곡강이 흐르는 남송3리로 갔다. 한동로 327번길 도로변에 북미질부성 안내판이 있고, 곡강 어구에는 '곡강(曲江)문화탐방길' 안내도도 설치되어 있었다. 신라시대 나라의 중요한 제사를 지냈던 곳이며 군사적 요충지였다고 하여 신라시대 이지역의 지명을 딴 '퇴화길', 임진왜란 당시 의병장으로 활약한 정삼외의 묘소가 북미질부성터 자락에 있다하여 '임란길', 한말 산남의진의 3대 의병대장 최세윤의 나라사랑하는 '충(忠)'과 그의 아들이 의병활동을 하다가 일제에 잡혀 심한 고문을 당하면서도 아버지의 뜻을 받들어 끝까지 아버지의 거처를 말하지 않았던 '효(孝)', 또한 최세윤 의병대장의 아내 윤씨부인은 남편 옥바라지와 순국 후에도 정성껏 아내의 도리를 다한 '열(烈)'을 '충효열, 천하삼절(忠孝烈,天下三節)'이라 하여 '천하삼절길'로 구성되어 있었다. 이정표를 살펴보고 강물을 따라 걸었다. 초입 오른쪽에 기암절벽이 장관이었다. 일제강점기 이곳에 있는 바위산의 돌을 깨어 포항축항공사에 사용하였다고 전한다.

강 건너편, 북미질부성 아래에는 시누대가 강을 따라 이어져 있고, 칡넝쿨과 아카시나무, 싸리나무들이 초록을 뽐내느라 한창이었다. 휘어진 강을 따라가니 바위 절벽이 예사롭지 않았다. 참포관소(槧浦館沼)였다. '관소'는 관에서 운영하는 연못이라는 뜻이다.

《삼국사기》에 '3산(山), 5악(岳) 이하 명산대천을 나누어 대사(大祀)·중사(中祀)·소사(小祀)를 지낸다. 중사는 5악(岳)·4진(鎭)·4해(海)·4독(瀆)으로 나누어져 있는데 4해의 동쪽과 4독의 동쪽은 퇴화현이다. 특히 4독의 동(東)쪽 토지하는 일명 참포라고 한다.'고 기록되어 있다. 퇴화현은 오늘날 흥해읍을 가리키니 신라시대부터 이곳은 나라의 안녕을 기원하는 제사를 지낸 성스러운 곳이었다고 한다.

바위 벼랑 아래를 자세히 보니 규칙적인 구멍도 있었다. 아마도 제사를 지낼 때 무언가를 설치했던 흔적이 아닐까. 비학산과 도음산에서 흘러와 합수되어 곡강을 이룬 강물은 참포관소에 잠시 머물다가 바다로 흘러갔다. 하구에 놓여있던 튼튼한 돌다리는 없어지고 곡강 위로 영덕-포항 고속도로 공사가 한창이었다. 수년 전에는 돌다리를 건너 북미질부성과 칠포해수욕장으로 갈 수 있었지만 지금은 강물을 건널 수 없었다.

참포관소 맞은편 산자락 바위에 글씨가 새겨진 충비 순량의 비도 살펴보고, 곡강양수장 옆을 돌아 '천하삼절길 전망대'에 올라 북미질부성을 바라보았다. 침묵의 성이었다. 곡강은 유유히 흐르고, 초록 융단처럼 넓게 펼쳐진 흥해 들녘을 가로질러 동해선 열차가 지나갔다.

개포

청하면 월포해수욕장에 왔다. 내가 이곳에 처음 온 때는 초등학교 6학년 때였다. 당시 농촌국민학교와 어촌국민학교가 자매결연을 맺었는데, 나는 농촌학교 대표로 이곳에 왔었다. 여름이었다. 월포초등학교 교실에서 각 학교 대표들과 선생님들이 서로 인사를 나누고 짝을 정해주었다. 나는 월포초등학교 앞에 사는 안혜숙과 짝이 되었다. 나보다 키도 작고 까무잡잡했지만 재미있는 친구였다. 해수욕장에서 물놀이도 하고 학교 교실에 마련한 숙소에서 같이 잠도 잤다. 며칠 뒤에는 어촌학교에서 친구들이 농촌학교로 왔다. 지금은 폐교된 기북면 덕동초등학교, 학교 근처에 있는 용계정, 은행나무, 향나무, 간지럼나무와 애은당고택 등을 둘러보고 용계정 아래 흐르는 냇물에서 물놀이도 했었다. 이후 우리는 편지로 우정을 나누었고 지금도 가끔 만나서 옛이야기를 나누곤 한다.

월포해수욕장에 군사시설이 있었다고 한다. 각종 지리지나 옛 지도에 '개포(介浦)'로 표기되어 있는 이곳은 포항 지역에서 최초로 오늘날 해군기지인 수군만호진이 설치되었던 곳이다. 지형이 U자형 만(灣)을 이루고 있어 바다로부터 쳐들어오는 왜구를 막기에 적합해서 군영(軍營)을 설치하고 병선을 배치 하였지만 바다 쪽으로 트인 공간이 너무 넓어서 고려 우왕13년(1387) 영일현 통양포(通洋浦, 현재 영일대해수욕장 주변)로 옮겼다 한다.

월포에 '중휘리'라는 자연부락이 있는데 수군만호가 있을 때 중군(中軍) 지휘소가 있었던 곳이라 하여 불리어지는 지명이라고 한다. 오늘날 월포초등학교와 월포우체국이 있어 마을의 중심을 이룬다.

월포해수욕장은 수심이 얕아 해수욕장으로 천혜의 조건을 갖추고 있어 포항의 대표적인 해수욕장이라 할 만하다. 최근에는 숙소와 카페가 즐비하여 캠핑카를 활용한 여행객들에게 인기가 높다. 동해선 무궁화호

열차를 타고 월포역에 내려서 해수욕장을 찾아오는 사람들도 많다.

  2017년 어느 날 KBS2TV에서 나에게 전화가 왔었다. 월포 바다에 불상이 있는 것을 아느냐고. 옛날 무역선이나 유물선이 싣고 가다가 침몰되면서 빠뜨린 것이 아닌지, 바다 속에 절이 있었는지…. 나도 호기심이 생겨서 알아보았다. 2000년 10월 스킨스쿠버를 하던 동료가 사고로 바다에서 사망하자 그의 동료이며 친구였던 사람이 불심이 강했던 친구의 명복을 기원하는 마음으로 불상을 제작해서 바다에 둔 것이라고 했다. 그 사실을 모르는 스쿠버들에게 불상이 발견되면서 전국 텔레비전에 방송이 된 것이다. 육지에서 1km정도 떨어진 바다 19m 아래에 가로1m, 세로2m 크기의 불상이 인자한 모습으로 앉아있는 것이 확인되었다. 2019년 무렵, 태풍으로 불상의 목이 부러지는 바람에 불두(佛頭)는 고인의 친구가 바다에서 건져와 보호하고 있으며, 현재 바다 속에는 머리 없는 불상으로 앉아 있다고 한다. 국립경주박물관에 있는 머리 없는 불상처럼. 비록 몸만 남은 불상이지만 동료의 지극한 마음은 망자에게도 전해졌으리라. 훗날 동해를 지키는 신이 될 수도 있지 않을까. 비록 머리는 없지만 바다의 안전을 지키는 수호신으로 길이길이 남으리라.

칠포 수군만호성

  칠포는 7기의 포대가 있는 성이라 하여 칠포(七砲), 항구의 물빛이 옻칠을 한 듯 검다하여 칠포(漆浦)라고 하다가 칠포(七浦)로 바뀌었다고 전한다. 칠포성의 흔적은 성벽에 새긴 '정덕십년을해조축성(正德十年乙亥造築城)'이라는 명문으로 확인할 수 있다. 정덕십년은 1515년이다. 명문은 칠포교회 북쪽 담에 있었다. 조선 고종8년(1871)칠포 수군만호진이 동래로 옮길 때까지 군사기지로 번창했던 곳이라고 전한다.

통양포 수군만호진

영일대해수욕장에 있는 영일대 앞에 늠름한 장군상이 있었다. 수군만호진을 호령하던 장군이 환생한 것 같다. 오른손은 키보다 높은 거대한 붓을 들고, 왼손으로 겨드랑이 아래에 두꺼운 역사책을 받치고, 갑옷을 입고 투구를 쓴 근엄한 모습으로 '바른 역사의식이 나라를 지킨다.'고 준엄하게 말하고 있었다.

통양포 수군만호진은 오늘날 포항시 북구 영일대해수욕장일원에 있

영일대해수욕장 붓을 든 장군상

었던 군사시설이다. 물론 그 흔적은 찾을 수 없다. 이곳에 수군만호진이 있었다는 사실조차도 모르는 사람들이 대부분이다. 관광지로 탈바꿈했기 때문이다. 고려 우왕13년(1387) 개포(월포)에 있던 수군만호진을 이곳으로 옮겼다고 한다.

임곡포

임곡포는 포항시 남구 동해면 임곡리 호텔마린(구 청룡회관)이 있는 곳이다. 이곳에 조선시대 해군기지인 영일진이 있었다고 한다.《동국여지승람》과《대동여지도》에 '임곡포'라는 지명이 표기되어 있다. 기록에 의하면 태종17년(1417)에 경상도에 설치한 4진(영해·영일·동래·사천)중 영일진은 좌익을 장기로, 우익을 흥해로 삼았다고 한다. 좌익으로 삼은 임곡포가 있던 곳이다.

이후 1865년에 영일현 임곡포에 이양선(서양선박)이 풍랑을 만나 상륙하였다는 기록과 1871년에 현재 포항초등학교 일대에 포항진이 설치되면서 임곡에 있던 영일진은 역사의 뒤편으로 사라지게 되었다고 전한다.

오늘날 임곡 바다는 해병대 군사훈련장으로 활용되기도 한다. 연오랑세오녀테마공원에서 해병인들이 바다에서 훈련하는 모습을 가끔 보았다. 현재 해병대 관련시설인 호텔마린(구.청룡회관)이 자리 잡고 있는 것도 조선시대에 설치된 영일진과 연관이 없다고 할 수는 없으리라.

군사시설인 망루가 있었던 자리는 어디든지 전망이 아주 훤하다. 전쟁 시에는 적군의 진입을 미리 알고 대비하기 위한 곳이지만 평화로운 시대에는 풍광을 감상하기에 더없이 좋은 곳이다. 특히 해질무렵 이곳은 한 폭의 그림처럼 아름답다. 가까이에 연오랑세오녀테마공원이 있고, 호미반도 해안둘레길이 이어지는 관광지가 되었다.

포이포진

포항시 남구 장기면 모포항에 세종 때 왜적을 막으려고 설치한 수군만호진이 있었다. 종4품의 수군만호를 배치하여 관리토록 했다. 당시 장기현이 유배지가 된 이유도 현청이 있고, 종4품이 다스리는 군사시설이 갖추어져 있었고, 또한 바다와 인접한 지형이었기 때문에 유배지로 삼았다고 한다.

《조선왕조실록》에 의하면 우리나라 유배지 408곳 중 경상도 장기현에 유배 온 사람이 가장 많았다고 한다. 그중 우암 송시열은 예송논쟁으로 약 4년간, 영의정 김수흥은 기사환국으로 장기에 유배 와서 병으로 세상을 떠났고, 다산 정약용은 신유사옥으로 220여 일 동안 머물렀다. 조선 초 설장수를 시작으로 약 250여명이 유배 온 곳, 수군만호진이 있었던 모포항은 오늘날 아름답고 고요한 항구일 뿐이었다.

권무정(勸武亭)

포항시 북구 흥해읍 신흥로 861번길 47-18, 흥해에서 신광방면으로 가다가 오른편 아파트 사이로 난 좁은 길을 따라 갔다. 곡강천변에 우뚝 솟은 집이 보였다. 권무정이다. 영조37년(1761) 군사훈련을 목적으로 창건했다고 한다. 당시 흥해는 농토가 비옥하고 해산물이 풍부하여 왜

적의 약탈이 잦았다. 그래서 흥해군수는 현재 흥해읍 성내리에 있는 영일민속박물관 남쪽에 권무당(勸武堂)을 지어 청년들을 모아 활쏘기를 가르쳐 고을을 지키게 했다고 한다.

일제강점기와 한국전쟁을 거치면서 건물은 허물어지고 훼손되었지만 활쏘기는 멈추지 않았다. 한국전쟁이 끝나고 흥해읍 남성리에 다시 건물을 짓고 권무정으로 이름을 바꾸어 운영했으나 택지개발로 궁도장의 기능을 할 수 없어서 1988년 남미질부성(현재 남산초등학교)으로 옮겼다가 1996년 현재의 장소로 이전해서 오늘에 이른다. 활쏘기가 시작된 지 260년이 넘어 전국에서 가장 오래된 궁도장이라고 한다. 현재 70여 명의 회원들이 활동하고 있으며 각종 대회에 참여하여 좋은 성과를 거두기도 하고, 활쏘기 체험을 도와주기도 한단다.

권무정 옆 곡강천 둑 건너편에 청덕사(淸德祠)가 있고, 좁다란 마당에는 흥해구제기적비(興海九堤記蹟碑)와 선정비 등 6기의 비석이 있다. 청덕

권무정

사 안에는 권무당기(勸武堂記)가 벽에 걸려있었다. '흥해구제기적비'에는 조선 영조 때 흥해군수였던 김영수가 물이 부족하여 어려움을 겪는 고을에 제방을 쌓고 보(洑)를 만들어 농사를 짓게 하여 백성들의 칭송이 자자했다고 기록되어 있다. 청덕사에서 매년 중양절에 김영수 군수와 궁도활성에 공이 많았던 유응환 군수의 영정을 모시고 제사를 지내고 활쏘기 행사를 연다고 한다. 이곳은 평소에 문이 닫혀있다.

내가 사는 고장을 지키기 위해 무술을 연마하고 보를 막아 물 걱정 없이 농사를 짓도록 했던 지도자들과 함께 땀 흘리며 일했던 농부들을 생각하며 곡강천변을 걸어 4킬로미터나 길게 이어져 있었다는 소나무 숲, 북천수(北川藪)로 향했다.

흥해읍성

흥해읍성의 흔적을 찾으러 포항시 북구 흥해읍 성내리에 있는 영일민속박물관에 왔다. 입구에 들어서니 육백 살 된 회화나무가 먼저 길손을 반가이 맞이했다. 보호수로 지정된 회화나무가 심어진 사연이 있었다.

먼 옛날 이곳은 바다에서 해일이 일어나 큰 호수가 되었는데, 동해 쪽에 있는 산을 잘라 호수에 가득 찬 물을 바다로 보내고, 평야를 만들어 사람이 살기 시작했다고 한다. 바다와 함께 잘살게 되었다고 하여 '흥해(興海)'라고 불린단다.

훗날 어느 풍수가가 이곳에 이르러 '흥해는 바람과 질병이 많아 대대손손 사람이 살기 어려울 것이다. 물 걱정은 없으나 습기가 많아 괴질병이 많을 것이니 회화나무를 심으면 도움이 될 것이다.'라고 해서 심어진

나무라고 한다.

　이 나무에 막걸리 주는 것을 본 적 있다. 1997년 나무의 잎이 시들고 노화현상이 있었다. 포항에 나이 많은 나무를 아끼고 보호하는 모임인 '노거수회(老巨樹會)'에서 막걸리를 햇볕에서 3일 이상 발효시킨 후 큰 통에 물과 막걸리를 5:1 비율로 섞어서 나무 주변에 부었다. 막걸리가 나무에 직접적인 영양이 되기도 하지만 막걸리에 있는 영양분을 먹으러 오는 개미를 비롯한 다른 곤충들에 의해 땅속에 구멍이 생기고, 그 틈으로 나무뿌리에 산소가 공급되어 나무가 건강해진다고 했다. 사람보다 훨씬 더 오래 살았으니 흥해 이야기는 이 회화나무가 많이 알고 있으리라. 짙은 그늘을 드리우는 회화나무를 가만히 우러러보고 제남헌으로 들어갔다.

　제남헌이 건립된 시기는 정확히 알 수 없다고 한다. 다만 상량문에 '도광(道光)15년'이라는 글씨가 있어서 조선 헌종1년(1835)에 중건했다는 것을 알 수 있다. 제남헌은 흥해읍성 중심에 있던 동헌 건물이었으며, 1991년 경상북도문화재자료로 지정되었다. 본디 있던 자리에서 현재 영일민속박물관 앞 도로 건너편으로 이전하여 흥해읍사무소로 사용하다가, 읍사무소는 1996년 포항시 북구 흥해읍 동해대로 1511(옥성리) 흥해중학교 남쪽으로 새로 지어 옮기고, 그 자리에 2007년 흥해종합복지문화센터가 건립되었다. 제남헌은 1976년 본디의 자리로 이건 하였으며 1983년부터 박물관 전시실로 활용되고 있다. 제1전시실인 제남헌 입구에는 냉수리 신라비와 중성리 신라비 복제품이 있고, 농·어구와 토기, 고문서들도 전시되어 있었다.

　제2전시실에서 관혼상제 용구와 의복, 부엌 도구들을 관람하고 모형

영일민속박물관 제남헌

으로 만든 '형방'도 둘러보았다. 야외에는 척화비·한말의병항왜혈전기념비·충비 갑연비와 선정비 등 다양한 비석들과 각 비석 앞에 설치되어 있는 큐알(QR)코드로 비석에 관한 정보를 알 수 있었다. 1987년 준박물관으로 지정되었지만 포항을 대표하는 박물관이라 하기는 미흡하다는 생각이 떠나지 않았다. 하지만 포항시에서 2027년 개관을 목표로 포항시립박물관 건립을 추진하고 있다고 하니 기대가 된다. 영일민속박물관을 나오려는데 노란 옷을 입은 아이들이 두 사람씩 짝을 지어 손을 잡고 박물관으로 들어왔다. 병아리처럼 재잘재잘거리며 회화나무 아래를 지나 제남헌으로 향했다. 여린 새싹 같은 아이들의 뒷모습을 바라보다가 민속박물관을 나와 오른쪽으로 갔다.

  2023년 9월 흥해읍성의 서쪽 성벽 일부 구간이 복원되었다. 흥해읍성은 《신증동국여지승람》에 의하면, 고려 현종2년(1011) 처음 흙으로 성을 쌓았다가 공양왕 1년(1398) 새로이 돌로 쌓았으며, 둘레 약 450m, 높이 4m 정도 되며, 성안에는 우물 3곳, 남쪽과 북쪽에 각각 성문 1개씩을 두었다고 한다. 일제강점기 성벽을 허물어 그 돌들을 포항축항공사에 사용하여 성의 온전한 모습은 볼 수 없었다. 복원한 성벽을 따라 걸으며 성의 흔적이 남아있는 마을 이름을 생각했다.

성내리(城內里)는 성안에 있는 마을, 남성리(南城里)는 성의 남쪽, 옥성리(玉城里)는 본디 감옥이 있다고 하여 옥리(獄里)라고 하였으나 '옥(玉)'자로 바꾸었으며, 약성리(藥城里)는 약초를 재배하던 밭이 넓어서, 학성리(學城里)는 글방이 많아서, 중성리(中城里)는 읍성 밖 동편 마을 중앙에 있다고 붙여진 이름이다. 현재 흥해 우체국이 있는 곳에 성의 남문이 있었다고 한다. 읍성(邑城)이 마을의 중심이었음을 미루어 짐작하며 동편에 있는 흥해시장으로 갔다. 2017년 지진 발생 후 현대식으로 단장한 오일장은 말끔했다.

장기읍성(長鬐邑城)

바람이 선선한 날 포항시 남구 장기면 읍내길 99, 장기면행정복지센터 옆으로 이어진 언덕을 올랐다. 휘어진 산길을 오르자 창립 100년 넘은 장기교회가 있고 산 위에 성벽이 보였다. 성안에는 밭이 있고 주민들이 살고 있었다. 안내문을 읽어 보았다. 처음 성을 쌓은 시기는 명확히 알 수 없지만 여진족과 왜구를 막기 위해 고려 현종2년(1011) 토성(土城)으로 축조했다가 조선 세종21년(1439) 석성(石城)으로 다시 쌓았다고 한다. 성 안쪽은 깬돌과 모래와 흙을 섞어 땅을 다지고, 성 밖은 '규(圭)'자형으로 돌을 쌓았다. 성곽을 보호하기 위해 성문 밖에 '옹성(甕城)'을 쌓고, 성벽을 보호하기 위해 성벽 밖에 '치(雉)'도 만들고, 성 위에는 숨어서 적을 공격할 수 있도록 여장(女墻)도 설치했다. 성안에는 무술을 연마하는 '양무당(養武堂)', 장교들의 집무소 '군관청(軍官廳)', 아전·이방들의 집무소 '인사청(人史廳)', 현감·군수의 직인과 각종 도장을 관리하던 '지인청(知印廳)', 부역을 담당하는 '차역청(差役廳)', '동헌(東軒)'이라고도 불리던 수령(守令)들이 업무를 보던 '근민당(近民堂)' 들이 있었다고 한다.

성안에 고을이 있어서 '읍성(邑城)'이라고 하나, 산에 위치하고 있어 '산성(山城)'의 기능을 겸하기 때문에 '읍성'인 동시에 '산성'인 것이 특징이다. 을사늑약 후 일본인이 읍성 안에 일본 순사주재소·세무서·우체국 등을 설치하면서 성은 수난을 겪었다. 의병들이 이곳을 습격하여 일본 순

장기읍성

사를 죽이고 무기를 약탈한 뒤 불을 질렀기 때문이나. 그때 근민당만 남고 다른 건물들은 소실되었다고 한다. 1998년부터 성을 복원하여 오늘에 이른다. 현재 읍성 안에는 장기향교가 있고, 주민 몇 명이 살고 있다. 성은 복원되어 있어서 한 바퀴 돌아볼 수 있으며 동문(東門) 오른쪽 성벽 위에 '배일대(拜日臺)'라 적힌 바위가 있었다. 이곳에서 장기현감이 매년 정월 초하룻날 나라의 태평과 백성의 안녕을 기원하며 해맞이를 했다고 한다. 성벽 위에 올라 동쪽으로 바라보니 넓은 농토와 푸른 바다가 보였다. 농토가 있는 곳은 바다에서 장기읍성까지 폭 100~200m, 길이 3~4km에 이르는 거대한 숲이 있었다고 한다. 이팝나무·느릅나무·느티나무·팽나무 등 키 큰 나무와 탱자나무·신나무·산사나무·꾸지뽕나무 등 키 작은 활엽수들이 빽빽했으나, 식량난을 해결하기 위하여 농토를 조성하면서 숲은 사라졌다.

어느 해 새해 첫날 일출을 맞이하러 이곳에 왔었다. 성 위에 부는 찬 바람이 매서웠다. 성 위에서 멀리 동해에서 떠오르는 해를 기대했던 내 생각은 상상일 뿐이었다. 계절에 따라 해가 뜨는 위치와 지는 위치가 다르니 내가 상상했던 일출은 아마도 봄이나 여름이 아닐까 싶었다.

성벽을 따라 남문 터를 지나고 복원한 북문 루에 잠시 앉았다가 동문으로 돌아오는 길에 장기읍성에서 망해산과 고석사로 이어지는 둘레길이 있었다. 이 길을 거닐며 장기읍성을 만들고 지켰던 사람들, 이곳에 유배 왔던 사람들, 오늘날 장기사람들과 나를 생각하며 걸어도 좋을 것이다. 북문에서 장기유배문화체험촌으로 갈 수 있는 대숲도 걸을 만했다. 2022년부터 동문 부근은 발굴 복원하는 중이었다.

청하읍성(淸河邑城)

여름은 날씨는 덥지만 낮의 길이가 길어서 답사하기에 좋다. 포항시 북구 청하면 청하로27번길 22, 청하면행정복지센터 맞은편에 있는 청하초등학교 동편 담장 아래에 큼직한 성벽돌이 보였다. 청하읍성의 흔적을 가장 쉽게 볼 수 있는 곳이다.

청하읍성은 고려 현종2년(1011)에 쌓았다는 기록은 있으나 상세한 내용이 없어 성의 규모나 형태는 알 수 없다. 그러나 세종9년(1427) 성 위에 나지막하게 '여첩(女堞)'을 쌓고, 동문과 서문이 있고, 성 둘레 1,353척, 높이 9척이었으며, 성안에는 못과 우물이 2곳, 객사와 동헌이 있었다고 한다. 성의 규모를 환산해보면 둘레 400미터, 높이 3미터 정도 되었던 모양이다.

1733년 청하현감으로 재임했던 겸재 정선이 남긴 '청하성읍도(淸河城邑圖)'로 그 규모를 짐작할 수 있다. 뿐만 아니라 겸재 정선은 읍성에서 가까운 내연산의 풍광을 그린 '내연삼용추도(內延三龍湫圖)'와 '청하 내연산폭포(淸河 內延山瀑布)', '정선이 그린 폭포를 바라보는 그림'이란 뜻의 글씨가 적혀있는 '정선필관폭도(鄭敾筆觀瀑圖)' 등을 남기기도 했다.

옛 사람들은 성 동문 밖은 '동문걸(동밖)', 서문 밖은 '섬밖'이라 하고, 향교가 있는 동네는 '교동(校洞)이라 했단다. 현재 동문걸에는 우체국과 농업기술센터와 상가들이 있고, 섬밖에는 도로가 개설되어 있어 금은방과 점포들이 있었다는 옛 모습은 찾을 수 없었다. 청하초등학교는 객사가 있던 자리, 청하면행정복지센터는 관아가 있던 장소로 추정한단다. 읍성에서 마을 안으로 50미터 정도 떨어져 있는 곳에 향교도 있었다.

청하면행정복지센터 마당 한 켠에 있는 청하현을 다녀갔던 현감들의 선정비와 3·1만세의거 기념비를 살펴보았다. 오후 7시가 지났지만 비석에 새겨진 글씨는 잘 보였다. 마당 한가운데 '청하성읍도' 속에 있는 나무로 추정되는 삼백 살이 넘는 회화나무 그늘 아래에서 땀을 식히며 번성했던 청하읍성과 옛사람들을 떠올려보았다.

독립운동

산남의진

'산남의진'은 문경새재 남쪽에서 일어났던 의병을 말한다. 의병들의 활동은 전기·중기·후기로 나누는데 산남의진은 중기 의병 때 시작되었다고 한다. 전기의병(1894~1896)은 청·일전쟁, 단발령, 을미사변 등이 발발하자 충청·경북·강원·춘천 등지에서 유학자들이 중심이 되어 일어났고, 중기의병(1904.5~1907.7)은 러·일전쟁과 을사늑약에 항거하여 유학자와 일반인이 전국에서 일어났는데 산남의진은 이 시기에 시작되었다. 후기의병(1907.8~1915)은 일본에 의해 고종이 강제퇴위 당하고, 군대가 해산되자 이에 항거한 군인들과 양반유생, 평민들이 연합하여 전국적으로 확산되었다.

산남의진은 정환직·정용기 부자(父子)의 주도로 영천·포항·청송사람들이 중심이 되어 활동하였다. 고종의 시종무관이었던 정환직이 고종의 밀지를 받들어 아들 정용기와 함께 1906년 3월 영천에서 1,000여명이 참여하여 거의하였다. 1907년 정용기가 죽장면 입암전투에서 전사하자, 정환직이 아들의 뒤를 이어 2대 의병대장으로 항일운동을 펼치다가 죽장면 상옥리에서 체포되어 대구형무소로 가던 중 영천에서 총살당하였다. 이후 최세윤이 3대 의병대장으로 추대되었다.

산남의진 발상기념비(山南義陣發祥紀念碑)

호국의 달, 포항시 북구 죽장면 일광길 2(입암리), 경북간호고등학교 뒤편에 있는 '산남의진 발상기념비'에 참배하러 갔다. 1907년 10월 7일 산남의진이 일본군 수비대와 최초로 접전하였다는 개천 '시무나무걸'과

왜병들이 점령했던 입암1리 영모당, 정용기대장과 40여명의 참모들이 전사한 입암서원 앞 주막터에도 가보았다. 입암서원 인근에서 가장 격렬한 전투가 벌어졌으며 죽장면은 의병에 참가한 사람들이 많은 지역이라고 한다.

산남의진 항일순국 무명삼의사총(山南義陣 抗日殉國 無名三義士塚)

산을 너머 포항시 북구 죽장면 상옥리 1467-3 '무명삼의사총'에 갔다. 나는 현충일에 이곳에서 열리는 추모제에 참석하곤 한다. 2023년에도 최세윤 의병대장 기념사업회와 일충회에서 추모제를 지냈다. 회가 거듭될수록 참여하는 사람들이 많아 다행스럽다. 이 주변에서 2대 의병대장 정환직이 일본군에 체포되었다고 한다. 당시 함께 있던 의병 중 세 사람이 일제의 도륙으로 처참하게 죽임을 당하였다. 왜군들이 완전히 떠난 후 3일 만에 마을주민들이 심하게 훼손된 주검을 수습하여 3기의 무덤을 만들어 두었으나 광복이 되어도 돌보는 사람이 없었다고 한다.

마을청년들이 가시덤불에 방치되다시피 한 무덤을 보살피기 시작했는데, 1995년 도로확장공사를 하면서 사라질 위기에 처하자 현재의 자리로 이전하면서 3인의 합장묘를 만들고 작은 비석도 세우고 관리해오고 있다. 당시 청년들은 이미 고인이 되기도 했고, 구순이 넘는 노인이 되었다. 지금도 어르신들은 그날의 일들을 어제일인 듯 기억하고 상세히 이야기 하신다. 앞으로 살아 있을 날은 많지 않고, 마을에 젊은이들이 없으니 이 이름 없는 용사들의 무덤은 누가 보살필지 걱정이라고 했다. 어르신들의 이야기를 들을 때마다 참으로 훌륭한 일을 하셨다, 싶은 생각이 든다.

산남의진 항일순국 무명삼의사총

무덤의 주인이 누구인지 알 수 없으니 후손도 가족도 알 수 없다. 그 누가 이들을 위해 향을 사르고, 술 한 잔 올릴까. 상옥주민들의 숭고한 정신이 있었기에 참혹하게 목숨 잃은 의병들의 넋을 기릴 수 있으니 참으로 감사한 일이다. 우거진 풀숲에 흩어져 뒹구는 개천의 돌 하나하나 모두 의병들의 넋이 서려있는 것 같았다.

윤응원(尹應元) 추모비

상옥에서 성법령을 너머 포항시 북구 기북면 성법리에 있는 윤응원(尹應元) 추모비에 다녀왔다. 윤응원은 1907년~1908년까지 총기를 무장하고 경기도·강원도 일대에서 의병활동을 하던 중 체포되어 7년형을 선고받았으며, 이후 중국으로 이주하였다가 1911년 1월 세상을 떠났다. 2006년 건국훈장 애국장에 추서되었으며 묘소는 국내에 없다. 추모비는 기북면 성법리 파평윤씨 제실(祭室)인 삼로당 마당에 건립되어 있었다.

수년 전 중국 신빈현 왕청문에서 뵙고 온 항일명장(抗日名將) 양세봉 장군의 흉상이 생각난다. 장군은 평안북도 철산군에서 태어나 1917년 가족과 함께 중국 신빈현에서 거주하면서 1919년 3·1만세운동을 주도했으며, 조선혁명군 총사령관이 되어 군관학교를 설립하는 등 혁혁한 공을 세웠으나 1934년 일본군에게 암살당하고 말았다.

항일명장 양세봉 흉상

광복 후 북한에서 장군의 유해는 평양 대성산 혁명열사릉으로 옮기고 가족도 평양으로 모셨다고 한다. 우리나라에서는 1962년 장군에게 건국훈장 독립장을 추서하고 1974년 동작동 국립현충원에 가묘를 만들었다고 한다. 남한과 북한에서 추앙하고 중국에서도 존경하는 유일한 독립운동가라고 했다.

당시 고국을 떠나 독립운동을 한 사람들의 그 열정과 나라사랑하는 마음은 무엇에 비할 수 있을까. 윤응원의 사촌형제인 윤응호도 중국에서 독립운동을 한 증거가 발견되었다고 한다. 성법리에 의병활동을 한 사람 중, 설씨 가문은 후손을 찾을 수 없고, 함씨 가문은 후손이 있으나 의병활동을 한 증거가 명확하지 않다는 이유로 인정을 받지 못해 안타깝다.

안국사지

포항시 북구 기계면 가천남계길 55번길 116, 안국사지로 갔다. 포항에서 31번 도로를 달려 네비게이션이 가리키는 대로 들길과 산길을 따라 갔다. 사람의 발길이 드물어 조용했다. 현재 있는 안국사 못 미쳐 왼편에 절터가 있었다. 1907년 10월 4일 산남의진 본거지라는 이유로 일본군 수비대가 불태웠다. 주춧돌들이 풀숲에 덮여있고 절터의 흔적은 뚜렷했다. 출입을 통제하고 있는 사유지였다.

이종흡 창의비

포항시 북구 기계면 현내리 산78-1 일원에 있는 서숲 입구에 이종흡 창의비가 있었다. 이종흡은 경주의진 결성 시 참모장으로 활약하였으며, 동해안 전투에서 거듭 패전하자 의진을 해산하고 고향 기계에 은거하면서 비밀리에 구국활동을 하다가 말년에는 후학양성에 힘썼다고 한다. 1990년 건국훈장 애국장에 추서되었다. 소나무가 우거진 서숲은 맨발 걷기 명소로 인기가 높다.

한말의병항왜혈전기념비(韓末義兵抗倭血戰紀念碑)

흥해읍 영일민속박물관 뜰에 있는 가장 큰 비석이며 비 뒷면에 산남의진에 참여한 의병들의 이름이 새겨져 있었다. 산남의진은 을사늑약 직후 1906년 영천에서 창의하여 제3대 의병대장이 체포되는 1911년 9월까지 약 5년간 활동하였다.

산남의진 제3대 의병대장 최세윤은 1867년 포항시 북구 흥해읍 중성리에서 태어났다. 흥해군 형리와 방서기로 지내면서 평소 병서·천문지리 등에 관한 서책을 탐독했다고 한다. 을사늑약이 체결되자 의분을 참지 못해 안동의진에 참여하기도 했다. 이후 산남의진 3대 의병대장으로 추대되어 매우 열악한 상황이었지만 1910년 6월경 까지 경북 전역에서 항일전투를 벌였으나 1911년 9월 포항시 장기군 용동(현재 경주시 양북면 용동리)에서 체포되었다. 이후 대구형무소에서 서대문형무소로 이감되어 1916년 8월 9일 단식투쟁으로 50세에 순국하였다.

한말의병항왜혈전기념비

　부인 윤씨는 품팔이를 하며 남편의 옥바라지를 하였으며, 남편이 순국하자 손수 염습하여 주검을 머리에 이고 모시고 와서 흥해읍 도음산 자락에 안장한 후 병을 앓다가 이듬해 7월 1일 남편의 뒤를 따랐다. 최세윤은 1968년 건국훈장독립장을 추서 받았으며, 1976년 국립서울현충원에 이장하여 부인과 합장되었다. 최세윤의 장남 산두도 군자금 모집을 하다가 일본군에 붙잡혀 혹독한 고문으로 대구감옥소에서 21세에 순국했으며 2017년 건국훈장 애국장을 추서 받았다.

최세윤 의병대장 기념사업회에서 산남의진에 참여했던 의병들을 찾아 그 공적을 기리는 일을 하고 있다. 보훈부에서 의병 활동을 인정하고 추서는 하였지만 후손을 찾지 못해 전할 수 없는 아쉬움과 증거자료가 미흡하여 인정받지 못하는 의병들도 많아 안타깝다고 한다. 증거자료라는 것은 주로 일본군에 체포된 명단이나 판결문을 말한다. 붙잡히지 않고 군자금을 조달하거나 무기를 수집하고 정보를 전달하던 사람들은 증거가 있을 수 없다. 기북면 성법리 함씨도 '한말의병항왜혈전기념비'에 산남의진에 참여했던 사람으로 이름은 적혀있지만 인정받지 못하는 경우이다.

그런 사람들은 개울에 뒹구는 자갈돌만큼이나 많지 않을까. 그 영혼은 구천에 떠도는 것은 아닌지….

독립운동가의 가족들은 대부분 죽임을 당하여 대가 끊어지기도 했고, 산속으로 들어가 살거나 뿔뿔이 흩어져서 목숨만 부지하며 살았을 것이다. 어쩌면 조상을 원망하며 살았을 지도 모른다. 그러니 오늘날 독립운동을 한 조상의 후손을 찾기가 어려운 실정이다.

박능일 도해비

포항시 북구 흥해읍 우목리 죽천초등학교 동편 바닷가 언덕 대숲에 조선일민무호박공도해비(朝鮮逸民無號朴公蹈海碑)가 있었는데 근래 해안가로 옮겼다고 한다. 1917년 여름, 을사늑약에 이어 경술국치의 울분을 참지 못해 죽음으로써 나라에 충성할 것을 맹세하고, 우목리 마을 앞 바위에 '여기사 수이생 불약 도해이사 조선일민 박능일(與其事 讐而生 不若 蹈海而死 朝鮮逸民 朴能一) '원수의 나라를 섬기며 사는 것보다 바다에 빠져 죽는 것이 옳도다.'라는 글자를 새겨 놓고 바다에 몸을 던져 세상을 떠난 박능일을 기리기 위해 후손이 1946년 5월 2일 세운 비석이다.

마을 어르신들께 여쭈어도 비석이 있는 것조차 모르고 있었다. 나와 직접 연관된 사람의 비석이 아니면 관심도 없고 알 필요도 없다고 했다. 자전거를 타고 온 초등학생에게 비석 이야기를 했더니 '나 같으면 안 죽을 거예요. 죽으면 끝이잖아요.' 했다. 이제는 나라가 위기에 처해도 목숨 걸고 싸울 사람도, 죽음으로 충성할 사람도 없을 것 같다. 그래서 그럴까. 나라의 치욕을 견디지 못해 목숨을 끊은 사람의 흔적도 지워지는 것 같았다. 훗날 다시 찾으러 오리라 생각하며 돌아왔다.

장헌문 의병장 추모비

포항시 남구 장기면 장기초등학교 교정에 추모비가 있다. 장헌문은 을사늑약이 체결되고 국권이 침탈당하자 장기의진의 의병장으로 추대되어 경주시 양남·양북면, 울산시 울주군, 영일군 죽장·흥해·청하·장기 등지에서 활약하다가 총상을 입고 체포되었다. 대구형무소에서 10년 복역 후 출소하여 후학을 양성하는 한편 구국운동을 전개하였으나 옥고의 여독으로 세상을 떠났다.

나라위해 희생한 의병들을 생각하며 그 흔적을 찾아보았다. 산이 깊어 더 피비린내 나는 전투지였다.

포항의 3·1운동

1919년 3월 8일 대구 서문시장에서 일어난 시위에 참여하였던 포항·영일지역 기독교인과 교사들이 포항으로 돌아와 3월 11일과 12일에 만세운동을 일으켰다. 경상북도에서 가장 먼저 시작한 만세운동이다.

3월 22일 청하·송라면, 3월 27일 송라면 대전리 두곡 숲, 4월 1일 연일·동해·장기·오천·대송·달전, 4월 2일 기계·죽장·신광·청하·송라·흥해 등지에서 만세운동이 이어졌다.

포항교회

포항시 북구 칠성로 3번길 8, 죽도시장 인근 도심에 있는 교회에 왔다. 당시 포항교회였으나 지금은 소망교회가 있다. 이곳은 경상북도에

당시 포항교회

서 가장 먼저 독립만세운동을 시작한 포항 3·1운동의 발상지다. 한국전쟁으로 포항이 초토화되었을 때 유일하게 무너지지 않았던 건물이다. 건물 벽에 남아있는 총탄의 흔적이 이를 증명한다.

1919년 3월 11일, 기독교인들과 포항교회에서 운영하는 영흥학교 교사들과 청년들이 중심이 되어 총독부가 경비를 삼엄하게 하던 일본인 집단 거주지 한가운데에서 펼쳤다. 이 자리에 있었던 포항교회는 2003년 포항시 북구 새마을로 172로 이전하여 '포항제일교회'로 맥을 잇고 있으며, 영흥학교는 현재 포항시 북구 중앙로 212번길 6-7에 있는 '포항영흥초등학교'의 전신이다.

3·1만세운동 100주년 되는 해, 포항시민들이 이곳에 모여서 그날의 함성을 재현하며 시내 중심거리를 행진했었다. 태극기를 흔들며 '대한독립만세'를 외쳤던 감동의 그 날을 잊을 수 없다.

대전교회와 청하장터

청하·송라는 당시 행정구역이 청하에 속해 있었기 때문에 '청하장터 3·1운동'이라고도 한다. 1913년 대전교회를 건립한 이익호는 민영환(閔泳煥)의 휘하에 있다가 경술국치의 울분을 참지 못하고 민영환이 자결하자 고향으로 내려와 교회를 개척하고 항일운동을 했다고 한다. 3월 22일, 청하장터 3·1운동은 대전리에 있는 대전교회가 중심이 되었으며 23명의 대표자가 체포되었지만 3월 27일 대전리 두곡 숲에서 만세운동은 이어졌다.

대전 3·1의거 기념관

대전 3·1의거 기념관

 7번 국도를 따라 영덕방면으로 가다가 좌회전해서 5km정도 들어가면 만세촌이 있다. 해마다 '대전 3·1의거 기념관' 앞에서 3·1절 기념행사를 한다. 참여한 사람들은 흰옷 입고 태극기가 그려진 머리띠를 두르고, 두 손에는 태극기를 들고 힘껏 '대한독립만세'를 외친다. 마을 앞 두곡 숲에서 재현되는 만세운동은 참여할 때마다 가슴에서 뜨거운 불덩이가 솟아오르는 것 같다. 행사를 마치고 마을주민들이 끓여주는 뜨거운 국밥 한 그릇을 먹으면 추위가 금세 녹았다.

포항시 북구 송라면 대전길 120번길 22-5에 있다. 2001년 개관한 대전 3·1의거 기념관에는 대전리 출신 14인이 사용했던 유품과 판결문, 영정들이 전시되어 있다. 기념관 뒤에는 당시 태극기를 제작하고 3·1운동을 계획했던 이준석 의사의 생가가 복원되어 있으며, 마당 한켠에는 당시 교회에 있던 종탑이 있다. 교회 종소리를 신호로 만세운동을 하였다고 한다.

기미3·1독립의거기념비(己未三一獨立義擧紀念碑)

송라면 보경사 입구에 있으며 3·1동지회가 주축이 되어 세웠다. 비의 글은 대구 3·1운동에 참여하였던 허 방이 썼고, 포항·영일과 인근 지역에서 3·1운동에 참여한 의사들의 성명이 새겨져 있다. 어느 날 할머니 한 분이 이 비를 한참 동안 가만히 우러러보고 있었다. 3·1동지회의 서문을 기록한 허 담의 손녀라고 했다. 서울에서 사는 참 고운 할머니였다.

수년 전 어느 겨울날, 여승 여러 명이 기념비를 살펴보고 기도하는 것을 보았다. 기도가 끝날 때까지 기다렸다가 스님에게 조심스레 물었더니 비문에 새겨져 있는 정구용 의사의 손녀라고 했다. 할아버지를 기억하며 멀리서 제자들과 함께 해마다 참배하러 온다는 손녀스님, 그 모습이 감동이었다.

어느 해 폭우로 기념비 아래에 있던 잔디가 반쯤 사라졌다. 장기면 유배문화체험촌에서 정원을 정비하며 뽑아내는 잔디를 얻어다가 심어두었지만 잘 자라지 못한다. 낯선 곳에 와서 그런지 영양이 모자라는지….

잔디보다 먼저 돋아나는 잡초를 뽑아내고 가끔 물도 듬뿍 주지만 볼품이 없다. 하지만 드문드문 초록빛 잔디 잎이 멀쑥하게 돋아나기도 하니 언젠가 무성한 잎으로 땅을 덮는 날 오리라 기대해 본다.

3·1만세의거 기념비

포항시 북구 청하면 청하로 217번길 22, 청하면행정복지센터 내에 '3·1만세의거 기념비'가 건립되었다. 1919년 3월 12일 청하장날, 대전교회에서 중심이 되어 만세함성이 울려 퍼지자 일본 경찰과 헌병들이 달려와 23인을 옥에 가두었다. 그 중 고문을 당하여 옥중에서 순국하는 사람도 있었고, 출옥 후에 해외로 망명하거나 3·1동지회를 조직해서 독립운동을 이은 사람도 있었다. 비문에는 만세운동에 앞장섰던 23인의 애국지사 성명이 새겨져 있었다.

3·1만세의거 기념비

청하면에서는 2008년부터 3월 12일을 '청하면민의 날'로 정해서 기념행사를 한다. 3·1운동이 일어난 지 102년째 되는 2021년 12월 3일, 옛 청하장터였던 곳에 선조들의 숭고한 애국정신을 기리고자 기념비를 건립했다고 한다.

죽헌 이주호선생 항일운동기념비

포항시 남구 연일읍 철강로 25번길 40, 연일초등학교 교정에 죽헌 이주호선생 항일운동기념비가 있었다. 선생은 대구 사범학교 재학 중 비밀결사 문예부를 확대한 '다혁당(茶革黨)'의 연구부원으로 활동하다 체포되어 만기 출옥 하였다. 광복 후 고향 영일에서 건국준비를 하는 한편 한글학회지회장으로 우리말 교육과 나라 사랑 민족의식을 일깨웠다고 한다. 초등학교 교정에 있으니 오가는 학생들과 주민들이 항일운동을 했던 선생을 기억하고 애국심을 본받으리라.

엄주동선생 추모비

포항시 남구 장기면 장기로 336, 장기초등학교에 있다. 선생은 1897년 장기면 임중리에서 태어났다. 경성고보 교원양성소에서 공부했으며 '조선산직장려계(朝鮮産織奬勵契)'를 조직하여 일제의 경제 침탈에서 벗어나고자 각종 사업을 계획하던 중 체포되었다. 그 후 만주·상해·용정 등지에서 군자금 조달을 위해 미곡상을 경영하다가 체포되었으며 1975년 대전 국립묘지에 안장되었다. 건국포장과 건국훈장 애국장이 추서되었다.

광복축구장

포항시 북구 신광면 토성길 51번길 19-2 신광중학교 운동장에서 해마다 광복절에 광복축구를 한다. 삼십여 년 동안 빼앗긴 땅을 찾았으니 얼마나 기쁘고 가슴 벅찼을까. 다시는 억압의 시대를 당하지 않으려면 무엇보다도 단결을 잘 해야된다는 것을 절실히 느끼고 1947년 광복절을 기념해 공을 차기 시작했는데 오늘날까지 이어지고 있다.

짚으로 새끼를 꼬아 공을 만들고 골네트도 새끼줄을 엮어서 만들었다. 선수들은 흰색 바지·저고리를 입고 머리에는 흰색 띠를 두르고 땀을 쏟아내며 공을 찼다고 한다. 다만 한국전쟁 때와 가뭄과 냉해가 극심했던 1980년과 1981년, 코로나19로 인한 2020년과 2021년에 일시 중단하였다가 2022년에 이어 2023년 광복 78주년 기념으로 제70회 축구대회를 3일 동안 성황리에 개최했다.

팔씨름·윷놀이·노래자랑 등 다양한 경기가 펼쳐졌고, 초대가수와 난타 공연으로 흥겨운 한마당이었다. 경기는 어느 팀이 우승하든 관계 없었지만 규칙은 엄격하게 지켜졌다. 광복의 그 날처럼 마음껏 춤추고 목청껏 노래 부르고 땅을 두드리고 손뼉 치며 눈물이 나도록 웃기만 하면 되었다. 이날은 돼지 서른 마리쯤 잡는다고 했다. 이긴 팀이 진 팀에게 상품으로 받은 돼지고기를 나누어 주니 마을 간의 화합과 우정이 얼마나 깊은가. 참으로 훈훈한 광경이었다. 그날의 뜨거운 열기는 지금 생각해도 땀이 나는 것 같다.

나는 3일 동안 펼쳐지는 행사에 구경하러 가곤한다. 선수들은 비가 내리면 비를 맞으며, 햇살 내리쬐는 날은 뜨거운 햇살을 온몸으로 받으며 공을 차고 운동장을 뛰어다녔다. 마을 어르신들은 운동장에 차려진 천막에 모여 응원도 하고 고향에 온 사람들을 만나 반갑게 손잡고 정담을 나누었다. 그날은 비학산도 흐뭇했을 것이다.

한국전쟁

한국전쟁(6·25)은 북한군이 38선을 침략함으로써 시작된 한반도전쟁이다. 1945년 8월 15일 제2차 세계대전은 끝나고 우리나라는 광복을 맞이했으나 남한은 미국, 북한은 소련의 영향을 받으며 남·북으로 분단되었다. 북한은 소련과 중국과 합세하여 막강한 군사력을 갖추고 무력통일을 구상하였으나 당시 남한의 병력은 북한에 비할 수 없는 상태였다. 1950년 6월 25일 일요일 새벽 4시경 북한군은 서쪽 웅진반도에서 동쪽 개성·전곡·포천·양양에 이르는 38선 전역을 공격했다.

이승만 대통령은 미국에 도움을 요청했고, 트루먼 대통령과 미국정부는 즉시 참전을 결정했으며, 유엔안전보장이사회는 북한군을 침략자로 규정하고, 미국·영국·오스트레일리아·네덜란드·캐나다·뉴질랜드 등 6개 나라에서 군대를 파견해 참전했다. 1953년 7월 27일 휴전협정으로 전쟁은 중단되었다. 3년 1개월 2일 동안의 전쟁이었다.

포항지역은 1950년 7월 11일 죽장지구 구암산전투를 시작으로 1951년 2월 18일 포항에 주둔하던 미 해병 제1사단이 충주지역으로 이동되면서 포항작전은 마쳤다. 220여 일 동안 곳곳에서 피비린내 나는 전투가 이어졌다.

학도의용군 전승기념관

이 시대에 살고 있는 것이 얼마나 감사한지 모르겠다. 싱싱한 상추를 씻으며 '상추쌈을 게걸스럽게 먹고 싶습니다.'라고 쓴 학도병의 편지가 생각나서 탑산으로 달려갔다. 포항시 북구 탑산길 14, 탑산자락에 있는 학도의용군 전승기념관 앞에 무궁화가 피어있었다. 뜨거운 햇살아래 환하게 웃고 있는 꽃들이 마치 학도병들의 환영(幻影) 같아 애잔했다. 계단을 올라 전시관에 들렀다.

한국전쟁에 이십 만 명이 넘는 학생들이 전투에 참가하였으며, 목숨을 잃은 학생은 칠천 명이 넘는다고 한다. 1950년 8월 11일 포항여중(현, 포항여고)전투는 교복을 입은 채 11시간 30분 동안 펜을 놓고 총을 들고 혈전을 벌이다 마흔여덟 명이 전사한 처참한 전투였다. 특히 포항은 낙동강 최후 방어선으로 육군 제3사단에 소속된 학도의용군 일흔 한 명이 포항여중에서 단독으로 참전하여 전국에서 가장 많이 희생되었다. 학도병으로 참전하였다가 생존한 포항 출신 학도의용군들이 중심이 되어 1979년부터 탑산에 터를 잡고 학도의용군의 전적물을 보존하며, 2002년 건립된 기념관에서 추념행사와 안보교육을 하고 있다.

당시 학생들은 가족과 나라를 지켜야 한다는 오직 그 한 마음으로 훈련은커녕 군번도 없이 용맹하게 적과 싸웠다. 그 희생으로 한국군은 진

학도의용군 전승기념관

영을 다시 정비할 수 있었고 사람들은 피난할 수 있는 시간이 마련되었다. 이들의 희생이 우리나라에 얼마나 큰 힘이 되었는지 모른다. 주인 잃은 운동화, 물통, 학생증…. 전사한 학생들의 흔적들을 살펴보니 마음이 많이 무거웠다. 전시관을 둘러보고 충혼탑으로 향했다.

포항지구전적비

학도의용군 전승기념관 옆 포항시 북구 용흥동 산103번지, 충혼탑 가는 길 입구에 쪽진 머리에 한복 입은 어머니가 달려오는 아들을 반가이 맞이하는 모습의 상이 있었다. 전쟁터에 있는 아들을 생각하는 어머니의 마음 또한 가시밭이 아니었을까. 충혼탑으로 이어지는 역사의 계단에는 1950년 6월 25일 한국전쟁 발발, 1950년 7월 19일 대한학도의용대 출정, 포항여중전투. 기계-안강전투, 1950년 9월 17일 형산강도하작전, 휴전협정 등 간략한 한국전쟁의 흐름을 알 수 있는 내용과 대한민국을 목숨으로 지켜낸 학도의용군들의 용기와 애국심을 기리는 글이 새겨져 있었다.

오른쪽으로 이어지는 계단을 올라 포항지구전적비를 우러러보았다. 철모를 쓰고 양쪽 어깨에 수류탄을 매단 채 군복을 입은 군인이 교복을 입고 긴 총을 세워 양손으로 잡고 서 있는 학생의 오른쪽 어깨 위에 손을 얹고 함께 같은 방향을 바라보고 있었다. 유월의 햇살은 따가웠다. 울컥 가슴이 뜨거워지며 눈물이 흘렀다. 저 군인도 착한동생 같은 학생과 전쟁터에서 함께 싸워야 했으니 얼마나 가슴이 아팠을까. 형의 묵직한 팔이 어깨 위에 얹혀 졌을 때 학생은 든든하게 느껴졌으리라. 전쟁이 아니었다면 어깨동무하고 노래라도 불렀으련만 나라의 운명이 바람 앞의 촛불 같았으니…. 학생들이 목숨 바쳐 구한 이 땅에서 내가 이렇게 살고 있으니 얼마나 감사한 일인가. 이 비는 김종영 선생의 제자 백문기의 작품이다. 마치 제자가 낮은 곳에서 스승을 우러러보는 것 같다.

포항지구전적비를 둘러보고 편지비로 갔다. 펜 한 자루가 비석에 장식되어 있고, 검은 돌에 흰색으로 편지글이 새겨져 있었다.

포항지구전적비

편지비

어머니께 보내는 편지

어머님! 나는 사람을 죽였습니다. 그것도 돌담 하나를 사이에 두고 10여 명은 될 것입니다. (중략) 이 복잡하고 괴로운 심정을 어머님께 알려 드려야 내 마음이 가라앉을 것 같습니다. 저는 무서운 생각이 듭니다. 지금 제 옆에는 수많은 학우들이 죽음을 기다리고 있는 듯 적이 덤벼들 것을 기다리며 뜨거운 햇볕아래 엎디어 있습니다. 저도 그렇게 엎디어 이 글을 씁니다. (중략) 어머님! 어서 전쟁이 끝나고 '어머니이!' 하고 부르며 어머니 품에 덜썩 안기고 싶습니다.(중략)그런데 어머님, 저는 그 내복을 갈아입으면서 왜 수의를 문득 생각했는지 모릅니다. 어머님! 어쩌면 제가 오늘 죽을지도 모릅니다. (중략) 상추쌈을 개걸스럽게 먹고 싶습니다. 그리고 옹달샘의 이가 시리도록 차가운 냉수를 벌컥벌컥 한없이 들이키고 싶습니다. 어머님! 놈들이 다시 다가오는 것 같습니다.(후략)

편지비

나는 내리쬐는 햇살을 온몸으로 맞으며 편지글을 처음부터 끝까지 읽었다. 팔월의 전쟁터에서 적과 마주하며 죽음을 눈앞에 둔 학생들의 모습을 생각하니 땡볕 속에 서서 편지글을 읽는 것쯤은 융단 위에 서 있는 것이나 다름없었다. 상추쌈을 먹고 시원한 물을 마음껏 마시고 싶어 했던 이우근 학생의 편지는 읽을 때마다 가슴이 먹먹해진다.

전몰학도충혼탑

편지비를 쓰다듬고 계단을 올라 전몰학도충혼탑으로 올라갔다. 해발 70미터 남짓 되는 탑산 정상부에 태극기와 함께 우뚝 서 있었다. 포항에서 가장 먼저 현충시설로 지정된 충혼탑이다. 본디 이 산을 '죽림산'이라 했으나 1957년 충혼탑이 건립 된 후로 '탑산'이라 한다.

이 탑은 한국 추상 조각의 선각자로 불리는 김종영 선생이 남긴 작품이다. 탑 앞면 기단 위에 천마상이 조각되어 있으며, 호국의 신으로 산화한 학도병을 상징한다고 한다. 청동으로 제작되었던 천마상은 학도의용군 전승기념관 내 전시실에 있고, 탑에 있는 상은 나중에 만든 것이다. 충혼탑에 묵념하고 계단을 천천히 내려왔다. 바닥에는 곳곳에 비단풀이 땅에 납작 엎드려있었다. 편지글에 있는 '적이 덤벼들 것을 기다리며 뜨거운 햇볕 아래 엎디어 있'던 우리 열일곱 살 학생들처럼.

전몰학도충혼탑

호국전망대

호국전망대 옆 안내판에 표시된 전쟁 당시 포항 시가지의 모습과 전투지역들을 살펴보고 호국전망대에 올라 주변을 바라보니 포항 시가지가 한눈에 내려다보였다. 열일곱 살 학생들이 지켜낸 포항 땅, 그 넓들은 지금도 포항을 지키고 있으리니 학생들의 그 희생을 잊으면 안 되리라. 등산로로 내려왔다. 마루길, 멍석길을 따라 천천히 걸었다. 한 걸음 한 걸음 디딜 때마다 파릇파릇한 학생들이 목숨 걸고 지킨 땅이라 생각하니 함부로 땅을 밟기조차 조심스러웠다. 장마 기간이라 무척 후덥후덥했다. 계단을 오르내리면서 등줄기에 땀이 줄줄 흘러 내렸지만 힘 드는 줄 몰랐다. 이렇게도 평화로운 세상에 흙을 밟고 숨 쉬며 살고 있음에 감사할 뿐이었다.

 탑산에서 내려오니 초등학생들이 전승기념관을 관람하러 전시실로 들어갔다. 핏방울 같은 배롱꽃이 초등학생들의 지저귐에 응답하는 듯 가볍게 손을 흔들었다. 기념관 앞 주민이 가꾸는 텃밭에 상추잎이 너풀너풀했다.

6·25참전 유공자 명예선양비

 형산강변에 있는 포항문화예술회관에 주차를 하고 포항시 남구 해도동 197-4 해도근린공원으로 갔다. 저만치에 '해도 도시 숲'이 길손을 반겼다. 숲으로 들어가니 '맨발로'가 따글따글한 햇살에 일광욕을 하고 있고 사람들은 숲 그늘에서 도시락을 먹고 있었다. 한낮 쏟아지는 햇살 속에 한 여인이 공원에 서성이는 모습이 이해되지 않은지 몇 사람의 눈총이 느껴졌다. 말끔한 길을 따라 들어가 오른쪽에 우뚝 서 있는 비를 만났다.

6·25참전 유공자 명예선양비

 한국전쟁발발 60주년 되는 해에 건립한 '6·25참전 유공자 명예선양비'다. 한국전쟁 중 44일(1950.8.11.~ 9.22)동안 있었던 안강·기계전투와 형산강 도하작전에서 전사한 2,301명과 포항지구전투에 참여했던 3,234명의 호국정신을 기억하고 그 넋을 기리는 비다. 비 뒤에는 비를 감싸고 있는 둥근 벽에 참전한 용사들의 이름이 새겨져 있었다. 한 분 한 분의 이름을 읽으며 참담했던 전쟁을 상상해보다가 눈을 감고 말았다. 고귀한 그 이름 끝까지 부르지 못하고 돌아서 나와 옆에 있는 '형산강 도하작전 연제근 영웅 특공대군상' 앞에 섰다.

형산강 도하작전 연제근 영웅 특공대군상

형산강은 6·25전쟁의 최후 방어선(Walker Line)이었다. 형산강이 빼앗기면 부산까지 삽시간에 무너질 정도로 절체절명의 위기였다고 한다. 1950년 9월 17일 당시 3사단 22연대 분대장이었던 연제근 상사는 열세 명의 특공대를 결성하여 수류탄을 몸에 달고 헤엄으로 강을 건너다 아홉 명이 적탄에 희생되고 연제근 상사와 대원 세 명은 필사적으로 강을 건너 적의 기관총 진지를 폭파하여 포항을 탈환하고 북진하는 발판

형산강 도하작전 연제근 영웅 특공대군상

은 마련하였으나 영웅들은 산화되고 말았다. 당시 형산강은 핏물이 그득하게 흘러 '혈산강'이라 불렸다고도 한다.

총을 겨누고 수류탄을 던지는 특공대원들의 구릿빛 군상은 건장했다. 목숨으로 지켜낸, 목숨과 바꾼 형산강은 말없이 평온하게 흐르고 있었다. 이들이 지켜낸 형산강에는 철새들이 날아들고 주변에는 포스코를 비롯한 철강 산업단지와 주택들이 우뚝 서 있다.

무공수훈자 전공비

특공대 군상 옆에 '무공수훈자 전공비'도 있었다. 비 뒷면에는 6·25전쟁과 베트남전쟁에 참전하여 무공훈장과 보국훈장을 받은 포항지역에 거주하는 호국노병들의 이름이 새겨져 있었다. 2001년 11월 포항종합운동장 장미동산에 건립하였다가 2013년 7월 지금의 장소로 이전했다고 한다.

해병문화축제에서 만난 어느 노병이 생각난다. 해병마크가 선명한 빨간 모자를 쓰고 불편한 몸으로 홀로 천천히 걸어왔었다. 장병들에게 다가가 손을 내밀어 악수를 청하자 장병들은 거수경례를 했다. 노인도 몸에 배어있던 늠름한 청년의 모습으로 거수경례를 했다. 하지만 찰나였다. 빨간 모자에서 손을 내리자마자 표정이 일그러졌다. 장병들에게 무슨 이야기를 하는 듯 했고, 장병들은 박수를 치고 잠시 머물다가 노인과 헤어졌다. 장병들의 뒷모습을 물끄러미 바라보던 노인은 나에게 와서 울먹이며 말했다.

'나는 아파요, 고엽제 … 월남전에 … 미안해요, 미안해요.'

야윈 몸을 비틀면서 힘들게 말했다. 소주 냄새가 살짝 났다. 고통을 잊으려고 술을 마신다고 했다. 오늘도 그 고통을 잊으려고 마셨지만 더 생생하게 생각난다며 어린아이처럼 울고 말았다. 한참 후 마음이 진정되었는지 나에게 미안하다는 말을 남기고 군악대 연주가 울리는 의장대 공연장으로 향했다. 활짝 편 어깨, 곧게 세운 허리, 사열관 같은 걸음걸이…. 노병의 뒷모습은 당당했었다. 진주에서 함께 온 가족들은 죽도시장에 있고 혼자 축제장에 왔다고 하던 그 노병, 영웅처럼 보였다.

현충시설이 있는 '해도 도시숲'에는 메타세콰이어와 소나무, 단풍나무와 낙우송, 수국로와 동백로, 그리고 잔디광장이 어우러져 아름다웠다. 산책로에는 맨발로 걷는 사람들도 있었다. 모두가 행복한 모습이었다.

미해병대 제1비행단 전몰용사충령비

해도근린공원에서 송도해수욕장을 지나 송도동 산1에 있는 현충시설을 찾았다. 송도해수욕장과 죽도시장으로 이어지는 도로변에 있다. 현충시설 옆에 있는 쉼터에 마을 어르신들이 여름 한낮의 더위를 식히고 있었다. 나의 등장은 어르신들의 볼거리가 되었을 것이다. 부채질 하던 어르신들이 모두 나를 바라보고 있었으니까. 현충시설을 보러 왔다고 인사를 드렸더니 더위에 지쳤는지 응답하는 사람은 아무도 없었다. 가만히 시설을 둘러보았다.

6·25전쟁에 참전한 미해병대 제1비행단 전몰용사의 넋을 기리고 추모하기 위해 당시 미군통역관으로 근무한 이종만씨가 1952년 12월 22

일 용흥동에 있었던 포항역 광장에 건립하였다가 1969년 4월 22일 송도동 현 위치로 이전한 것이라고 한다. 구(舊) 역이 있던 자리는 도로가 개설되면서 흔적도 없이 사라졌다. 현재 포항역은 2015년 KTX개통과 함께 포항시 북구 흥해읍 이인리로 이전했다.

  문득, 어느 책에서 읽은 트루먼 대통령의 결정이 생각난다. 1950년 6월 24일 토요일 밤에 잠자려던 트루먼 대통령은 북한군이 남침했다는 보고를 듣고 단 10초 만에 한국전쟁에 미군 참전을 결정했다고 한다. 10월 중국군의 참전으로 전세가 불리해졌을 때 영국 애틀리 수상은 트루먼 대통령에게 한국에 배치된 병력을 유럽으로 철수시키자고 했으나 트루먼 대통령은 단호하게 거절하고 한국을 도왔다. 결국 5만 명이 넘는 미군이 목숨을 잃고 10만 명 이상이 다친 후에야 전쟁은 멈췄다. 우리나라를 끝까지 지켜준 분이라고 할 만하다. 트루먼 대통령은 '우리가

미해병대 제1비행단 전몰용사충령비와 포항지구 전투전적비

한국을 버린다면 한국인들은 모두 살해될 것입니다. 그들은 우리 편에서 용감히 싸웠습니다. 우리는 상황이 불리하게 돌아간다고 해서 친구를 버리지 않습니다.' 라고 하며 한국을 지켜주었기 때문이다.

바다 건너 먼 나라 대한민국을 위해 싸우다 전사한 미국 해병들에게 감사한 마음으로 비를 바라보았다. 핏빛으로 선명하게 적혀있는 '미해병대 제1비행단 전몰용사충령비'앞에 저절로 고개 숙여졌다. 바로 옆에 포항지구 전투전적비가 나란히 있었다.

포항지구 전투전적비

1959년 3월 31일 육군 제1205건설공병단에서 건립한 현충시설물이었다. 1950년 8월 15일과 17일, 공산군 제5사단이 포항을 점령하자, 수도사단 민부대, 브래들리 부대 및 1연대, 26연대가 반격하여 18일 포항을 탈환하여 끝까지 지킨 전투를 잊지 않기 위해 세운 비라고 한다.

포항을 지키기 위해 희생된 사람들이 얼마나 많은지 현충시설물을 둘러보며 다시 느꼈다. 현충시설 뒤에 소나무 숲과 멸종위기 2급 보호종으로 지정된 맹꽁이 서식처가 있었다. 소나무 숲에 있는 쉼터에는 여인들이 부채질을 하며 여름을 나고 있었다. 길가 쉼터에는 남성어르신들이, 숲속에는 여인들이, 남녀칠세부동석(男女七歲不同席), 오래 된 문화 때문일까. 아닐 것이다. 아마도 서로가 편하게 쉴 수 있으니 서로 배려해서 나누어 앉아 있을 것이다. '어르신들 건강하시고 행복하세요.' 인사하자 첫 인사에 묵묵부답이었던 분들이 한목소리로 '예~' 라고 했다. 응답이 시원한 바람 같았다.

수도산 충혼탑

포항시 북구 중앙로 363번길 12-31 덕수공원 현충시설에 오니 소나기가 내렸다. 일제강점기 수도 시설인 저수조(貯水槽)가 있는 산이라 하여 '수도산'이라고도 불리는 덕수공원 입구에는 작은 사찰이 몇 곳 있었다. 철길 숲을 걷던 사람들이 비를 만나자 걸음이 빨라졌다. 우산을 들고 공원에 올랐다. 버드나무와 소나무, 무궁화가 어우러진 숲속 연못가에 있는 모갈정(茅葛亭)을 지나자 좌우에 군상이 있고, 거대한 '눈물'이 보였다. 마치 하늘에서 뚝 떨어지는 눈물 한 방울 같았다.

수도산 충혼탑

눈물 형상의 충혼탑은 6·25전쟁 중 장렬히 산화한 포항지역 출신 군경의 넋을 추모하기 위해서 1964년 건립한 후 세 차례에 걸쳐 개축과 확장을 하였으나 건축물이 낡고 위패봉안실은 물이 새어서 2013년 다시 건립 한 현충시설이었다. 충혼탑을 가만히 올려다보았다. 하늘에서 내린 빗물이 눈물을 적셨다. 그날의 전쟁은 마치 소나기처럼 지나갔고, 여린 꽃잎과 나뭇잎들은 떨어져 길바닥에 뒹굴고, 떨어지지 않은 잎과 꽃망울들은 눈물을 머금은 채 매달려 있었다. 마치 그날의 학도병들처럼.

충혼탑 뒤에 있는 위패봉안실 문을 가만히 열고 들어가 참배를 했다. 포항을 지킨, 아니 대한민국을 지킨 공군·해군·학도병·지상군, 미국 육·해·공군, 전투부대를 파병한 유엔 16개국, 의료와 각종 시설을 지원한 5개국에 관한 기록도 전시되어 있었다. 잊어서는 안 될 전쟁 이야기를 가슴에 되새기며 조용히 문을 닫고 나왔다. 소나기는 멈추었고 충혼탑은 땀방울 같은 빗물을 머금고 있었다. 눈물이 방울방울 맺혀있는 버드나무 잎과 솔잎, 무궁화 꽃잎 사이로 왔던 길을 돌아 나왔다.

학도의용군 6·25 전적비

포항시 북구 장미길 10, 포항여자고등학교 정문 앞이다. 6·25전쟁 당시에는 포항여자중학교였다. 이곳은 학생들이 펜을 던지고 총을 잡고 오직 구국의 일념으로 자진 참전하여 꽃다운 나이로 산화된 전쟁터였다. 육군 제3사단 소속 학도의용군 71명이 전투에 참전하여 48명이 호국의 넋이 되었다. 이들의 희생으로 무방비 상태였던 주민들은 피난을 할 수 있었고, 한국군의 진영이 재정비할 수 있는 계기가 되었다. 1977년 포항여자고등학교 앞에 전적비를 건립하였으나 노후화로 인해 2016년 새롭게 단장한 현충시설이다.

포항여중 전투 학도의용군 명비

포항시 북구 장미길 10, 포항여자고등학교 교문 앞에 2016년 새롭게 단장하면서 건립했다. 전사한 열네 명과 살아 돌아온 열세 명의 이름이 새겨져 있었다. 학생들의 그 숭고한 희생은 무엇과도 비교할 수 없다.

오늘날 열일곱 살 아이들은 나라가 위급해지면 어떤 생각을 할까. 몸소 나라를 지키겠다는 일념으로 전쟁터에 나아갈까. 전적비를 둘러보고 길을 나서려는데 한 학생이 전적지 주변을 서성거렸다. 나라를 사랑하는 마음을 다지는 듯해서 믿음직스러웠다.

학도의용군 6·25 전적비, 포항여중 전투 학도의용군 명비

호국학도 충의탑

포항고등학교 교정에 학도의용군으로 참전한 당시 포항중학교 학생들의 이름과 학년이 새겨져 있었다. 숭고한 희생을 기리고 후배들에게 건전한 국가관과 애국심을 고취하고자 포항고등학교 동창회에서 2000년 건립하였다고 한다.

충혼탑과 충혼각

포항시 남구 구룡포읍 구룡포공원, 언젠가 군 장병들과 함께 온 적 있다. 일본인이 살았던 흔적을 둘러 본 후 충혼탑 앞에서 다함께 묵념을 올렸다. 진지하게 이야기를 듣던 장병들의 엄숙한 모습이 생각난다. 국가관이 뚜렷한 젊은이들이었다. 전역 후에도 나라사랑하는 마음은 변함없으리라.

일제강점기 일본인이 조성했다는 구룡포공원에 충혼탑과 충혼각이 있다. 1960년, 한국전쟁에서 희생된 군경들의 넋을 추모하기 위해 건립했다. 당시 재정이 열악하여 현재 충혼탑 옆에 있는 구조물을 받침대로 활용했다가 2007년 현재의 모습으로 다시 건립하였으며, 충혼탑 뒤에 있는 충혼각에는 235인의 위패를 모시고 있다고 한다. 한국전쟁의 아픈 상처는 곳곳에 남아있다. 지금도 전쟁은 끝나지 않았다. 휴전중이다. 언제 또 동족상잔의 전쟁이 일어날지 알 수 없어 늘 긴장이다. 오늘도 구룡포에 온 사람들은 일본인 가옥거리와 드라마 촬영지에서 기념사진을 찍느라 분주했다. 전쟁에서 희생된 분들이 없었다면 우리가 배불리 밥을 먹고, 자유롭게 여행할 수 있을까.

구룡포 충혼탑

6·25전쟁 격전지 기계·안강지구 전투전적비

포항시내에서 20분 남짓 차를 달려갔다. 아무도 없었다. 포항시 북구 기계면 화대길 114번길 34, 적막이 천둥 같았다. 파란하늘에 흰 구름이 기찻길처럼 떠 있었다. 전적비 옆에 두 손으로 총을 들고 전진하는 군인과 왼손에는 총을 들고 오른손으로 수류탄을 던지는 학도의용군 모습의 조각상이 있었다.

당시 북한군은 포항과 영일비행장을 점령한 후 부산으로 남하할 작정이었다. 해안선으로 남하하면 노출될 수 있어서 9월 2일 새벽3시경 기계-안강으로 이어지는 도로를 따라 전차를 앞세우고 공격했다. 우리군이 무릉산과 곤제봉 사이에 기갑연대와 제3연대를 투입하여 방어력을 강화하자 이에 맞서 북한군은 병력을 집중시켜 공격하면서 곤제봉 쟁탈전이 치열해졌다. 해발 293미터의 곤제봉에서는 형산강변의 개활지와 안강 일대를 한눈에 내려다보며 감시·통제할 수 있고, 또한 안강-경주도로와 동해남부선 철도를 제압할 수 있어서 방어에 매우 유리한 지점이었다. 1950년 9월 2일부터 9월 21일까지 뺏고 빼앗기는 치열한 고지쟁탈전에서 끝내 우리군이 승리했다. 북한군 12사단은 서북쪽으로, 제5사단 일부는 기계 북쪽 비학산 방면으로 도주하였다고 한다.

이곳 격전지는 고지의 주인이 열여

6·25전쟁 격전지 기계·안강지구 전투전적비

섯 번이나 바뀌고, 일선의 소대장이 하루에도 네 사람씩이나 바뀌는 그야말로 지옥을 연상시키는 피비린내 가득한 격전장이었다. 국군수도사단과 제3사단이 북한군에 피탈되었던 기계·안강 지역을 탈환하면서 인천상륙작전의 성공과 반격의 토대를 마련한 전쟁터였다고 한다. 2023년 기계면 어래산 일대에서 전사자의 유해와 유품들이 발굴되어 70여 년 전 참혹하기 이를 데 없는 전쟁터였음을 다시 되새기게 한다. 수 많은 분들의 희생으로 지켜낸 땅에는 계란 꽃이 피고 소루쟁이가 익어가고 기계천이 흐르고 침묵하는 산 위로 부드러운 바람이 일렁거렸다. 고요와 평화가 가득한 이곳이 치열한 전쟁터였다니 믿어지지 않았다.

위령탑

흥해읍사무소 뒤 실내체육관 옆 산자락에서 오가는 사람을 바라보고 있었다. 위령탑보다 먼저 '체력은 국력'이라 적힌 흥해실내체육관 준공기념비가 눈길을 끌고, 뒤를 이어 '초아의 봉사(超我의 奉仕)'라 적힌 비가 있었다. 위령탑은 가장 안쪽에 말없이 서 있었다. 찾는 이 없어 외로워 보였다.

이 비는 1951년 5월 5일 흥해읍 망창산에 건립한 '반공 애국자 위령비'였다. 한국전쟁 당시 젊은 나이에 희생된 흥해 출신 열두 명의 고귀한 영령들을 기리기 위해 건립하였다가 1971년 4월 27일 현재의 장소로 이전개축하면서 '위령탑'으로 이름이 바뀌었다. 1986년부터 흥해청년회에서 주관하여 위령제를 지낸다고 한다.

위령탑 앞에 새겨져 있는 열두 명의 이름을 나지막이 불렀다. '최형

택, 노병필, 최진수, 권완출, 정창재, 정우용, 추교현, 정륜재, 오상대, 박병호, 박태진, 김종수' 고요히 묵념을 올리고 물러나왔다. 위령탑 앞에 지진 관측 장비가 설치되어 있었다. 2017년 발생한 포항 흥해 지진은 아직도 현재진행형이다. 곳곳에 흔들리고 파괴된 흔적들이 남아있고, 새롭게 건설되는 곳도 있다. 지진대피소로 활용되었던 실내체육관 옆, 족구장에도 풀이 돋아 있었다. 사람의 발길이 멎은 지 오래되었나 보다. 가만히 위령탑을 바라보고 발길을 돌렸다.

천마산 도음산 전투 위령비

포항시 북구 흥해읍 도음로 646, 도음산 도립공원으로 가는 길은 찻집과 맛집, 전원주택이 있어 심심하지 않았다. 천천히 운전하여 '도음산 산림문화체험관'에 주차를 하고 안내판을 살펴보았다. 50ha에 달하는 넓은 공원이었다. 여름에는 짙은 숲 그늘과 물놀이장이 있고, 봄에는 온갖 꽃들과 새싹들이 아름답다. 특히 장애우 숲 탐방로가 있어 휠체어와 유모차가 산 중턱까지 올라가서 삼림욕을 할 수 있는 곳이라 추천하고 싶다.

1920년대 이곳은 상수도 수원지였다. 도음산 계곡에 흐르는 물을 이곳에 모아 용흥동 수도산 급수저장고로 보내어 시민들의 식수로 사용했다고 한다. 수도산은 예부터 서산 또는 갈산이라고 불렀으나 급수저장고가 있는 산이라 하여 '수도산'으로 불리게 되었다고 한다. 1998년 태풍 '예니'로 붕괴된 저수지를 메워 2004년 산림문화체험관으로 조성했다. 현장에는 저수지에서 물을 내보내던 방류시설과 저수지의 둑 일부가 남아있어 볼 수 있었다. 이곳은 또한 한국전쟁 당시 격렬한 전투지이기도 했다.

탐방로를 따라 '천마산 도음산 전투 위령비' 앞에 왔다. 1950년 8월 21일 ~ 8월 27일, 7일 동안 천마산·도음산 고지를 차지하기 위한 전투에서 산화한 호국영령들의 넋을 기리는 비다. 7일 동안의 전투에서 고지의 주인이 여섯차례나 바뀌는 치열한 전투로 전사자가 1,000명이 넘었다고 한다.

천마산 93고지와 도음산 385고지는 표고는 낮으나 주변의 야산 지대와 흥해읍·창포동·양덕동으로 연결되는 길을 제압할 수 있는 중요한 지점이었다. 우리군이 이 고지를 탈환하여 북한군이 포항으로 침투할 수 없었다고 한다. 해병1사단에서 1,093점의 유해와 유품들을 발굴하여 합동 영결식을 거행한 후 2007년 2월 이곳에 건립한 위령비였다.

위령비 옆에 2010년 건립한 안내문도 읽어보았다. 2005년부터 네 번에 걸쳐 6·25전사자 83명의 유해를 발굴하여 국립현충원에 안장했으며 국군장병들이 이곳 전쟁터에서 적과 싸우다 순국한 현장임을 말하고 있었다.

한국전쟁 미군폭격사건 민간인 희생자 위령탑

도음산 산림문화체험관 잔디광장을 지나 나무다리를 건너 한국전쟁 미군폭격사건 민간인 희생자 위령탑에 갔다. 건립기에 의하면 한국전쟁 당시 미군의 폭격으로 희생된 포항지역의 민간인 중 신원이 확인된 189명의 영령을 추모하기 위하여 2015년 건립했다. 조사결과 미군폭격이

한국전쟁 미군폭격사건 민간인 희생자 위령탑

나 함포사격으로 포항 13개 지역에서 550명이 넘는 사람이 희생되었지만 신원이 확인된 사람은 189명이며, 진실이 규명된 1,109명의 희생자 중 포항에서 희생된 사람이 141명으로 전국에서 세 번째로 많다고 한다. 위령탑 주변에 새겨져 있는 글과 사진을 둘러보며 참혹했던 전쟁터와 오늘날 그 현장을 연상해 보았다. 그 당시와 오늘날, 비교할 수 없을 정도로 다르게 바뀌었다. 격세지감, 상전벽해, 전쟁은 그렇게 지나 갔던 것이다.

　2023년 7월, 칠곡 다부동전투에서 희생된 '지게부대원'을 기리는 '다부동전투 참전주민위령비'가 건립되었다. 탄약·연료·식량 등을 지게를 지고 전투지로 운반하다 희생된 사람이 2천명이 넘는다고 한다. 45kg이 넘는 보급품을 지고 16km이상 산길로 운반하고 내려올 때는 부상자들을 지고 오기도 했단다. 21세기의 전쟁터에서는 상상도 할 수 없는 일이다. 군번도 없고 손에 든 무기도 없고 훈련도 받지 못 했지만 나라를 지켜야 한다는 일념은 모두 같았으리라. 가을낙엽처럼 사라진 많은 사람들을 잊지 말아야 하리라.

　물놀이장 위에 있는 '산불진화 순직위령비'도 참배하고 모감주나무와 메타쉐콰이어 숲을 지나 무궁화동산을 거닐며 나라를 지키다 순국한 사람들을 생각했다.

자유수호 희생자 위령비

포항에서 7번 국도를 달려 지경1리 입구, 포항시 북구 송라면 동해대로 3378번길 2, 찻집 옆에서 자동차를 돌려서 좌회전 신호를 받아 포항 방면 약10미터 지점 버스승강장 주변에 주차를 하고 계단을 올라 '자유수호 희생자 위령비'에 갔다. 1985년 6월 25일 송라면 지경리 도로변에 건립하였는데, 2020년 10월 29일 포항-영덕 고속도로 공사가 진행되면서 현재의 장소로 이전하여 새롭게 단장을 했다.

'반공피학살현장(反共被虐殺現場)' 비문에 의하면 1949년 11월 6일 송라면 지경리에 잠입한 공비들이 어선을 탈취하여 북한 선박에 실려 있던 무기를 탈취한 어선에 실어 마을 앞 바다에서 고래불 해안으로 옮겼다. 이를 본 대한청년단원이 영덕경찰서 남정지서에 신고하였고, 즉각 출동한 경찰은 신속한 작전으로 공비 30명 사살, 6명 생포하였다. 약 3개월이 지난 1950년 2월 4일 밤 8시 40분경, 송라면 동대산 일대를 거점으로 무장공비 50여 명이 마을에 급습하여 아흔아홉 명을 학살하고, 불을 질러 마을을 초토화시켰다. 역사의 소용돌이 속에

자유수호 희생자 위령비

희생된 영령들을 추모하고 통일조국을 기원하는 비를 한국방송공사에서 1985년 6월 25일 세웠다고 한다.

1950년 6·25전쟁 이전에 발생한 대참사였다. 죽창과 대검으로 무차별 살해 했으니 마을사람들은 얼마나 무섭고 두려웠을까. 혼비백산, 공포의 도가니, 지옥이 있다면 그런 곳이 아니었을까. 광복 후 혼란스러운 시기에 무참하게 희생된 착한 사람들을 생각하며 비석 주변을 둘러보았다. 두 손으로 받들고 있는 '호국영령 되시어 조국 품에 영원하소서' 뒷면에는 희생자 서른한 명의 이름이 새겨져 있었다. 위령비 옆에 서서 위령비가 바라보는 방향으로 바라보았다. 평화로이 펼쳐져 있는 푸른 바다에 어선 한척 떠 있고, 7번 국도에는 자동차들이 분주하게 지나갔다. 쨍쨍한 매미소리와 구슬픈 뻐꾸기 소리를 들으며 계단을 내려왔다.

해군육전대(海軍陸戰隊) 전적비

'자유수호 희생자 위령비'에서 포항방면으로 약1km 정도 거리에 있는 송라면 방석리 255-7, '한미해병대 충혼탑'과 '해군육전대 전적비'가 서로 마주보고 있었다. 포항-영덕 고속도로 공사 중이라 입구가 어수선했다.

먼저 '해군육전대(海軍陸戰隊)전적비' 가까이 갔다. 하늘을 향해 우뚝

해군육전대 전적비

솟은 닻 앞에 용맹한 세 명의 군인상이 있었다. 닻은 해군을 상징하고, 세 명의 군인은 3곳의 전투 '구암산전투', '영덕·포항전투', '포항탈환작전'를 상징한단다.

해군육전대(海軍陸戰隊)는 1950년 7월 9일 진해에서 훈련 중이던 해군 신병 제16기를 주축으로 480명이 긴급히 편성된 전투부대였다. 이들은 포항으로 진격하는 북한군을 막기 위해 '구암산전투', '영덕·포항전투', '포항탈환작전'에서 북한군과 치열한 전투를 벌여 북한군의 진격을 지연시키고, 미국 제1기병사단 포항상륙작전과 아군의 낙동강전투에 큰 기여를 했다. 대한민국 해군참모총장이 육전대 용사들의 불굴의 투혼과 호국정신을 기리고자 그 작전이 있었던 곳에 2013년 8월 25일 전적비를 건립했다.

얼마나 다급했으면 바다를 지키는 해군이 육지전투를 위해 훈련 중인 신병을 전투부대로 편성했을까. 육해공군 모두 대한민국을 지키기 위해 목숨 걸고 싸우다 산화되었으니 생각할수록 안타깝고 마음이 뜨거워진다.

한미해병대 충혼탑

'한미해병대 충혼탑'은 산자락 높은 곳에서 '해군육전대(海軍陸戰隊) 전적비'와 마주하고 있었다. 계단을 올라 가까이에 갔다. 태극기와 성조기 사이에 비문(碑文)이 있고, 비문 위에는 태평양을 사이에 두고 한국과 미국이 보이는 세계지도가 조각되어 있었다.

이 충혼탑은 한미연합 상륙훈련 중 산화한 해병용사들의 숭고한 넋을 기리고 혈맹의 우의를 다져온 한·미 간의 유대를 공고히 하고 피로 산하를 물들였던 6·25남침을 기억하고 자유 수호를 다짐하는 뜻을 모아 경상북도 민·관·군이 뜻을 모아 1989년 9월 28일 건립했다.

충혼탑 뒷면에 새겨진 순직자 열한 명의 이름을 불러보았다. 1984년 3월 24일 이후 대답 없는 이름이다. 해병중위 구재권, 해병중사 심제근·김순석·김희문, 해병하사 이승휘·오문주·김태영·이순기, 해병병장 이윤남·신영철, 해병일병 장두성.

한미해병대 충혼탑

계란 꽃들이 화답하듯 몸을 흔들었다.

캠프무적 미 해병대 장병들과 이곳에 온 적 있다. 물론 통역관도 함께 왔었다. 쌀쌀한 가을이었다. 경건히 묵념하던 젊은 장병들의 모습이 떠오른다. 며칠 후 그들은 '고향이라 불리는 포항시를 이해할 수 있게 해주어서 감사'하다고, '영원한 신뢰와 함께' 라는 미 해병대의 경구를 적은 감사장을 보내왔었다. 아득한 옛날 같다.

불교 이야기

보경사(寶鏡寺)

 겨우내 움츠렸던 마음을 떨치고 새순이 돋아나는 싱그러운 숲속으로 떠나고 싶었다. 연둣빛 나뭇잎들 사이로 바라보이는 파란 하늘, 그리고 맑은 공기와 계곡에 흐르는 물소리가 저절로 콧노래를 흥얼거리게 할 것 같았다. 보경사를 품고 있는 내연산을 배경으로 한 영화〈가을로〉에서 민주는 '우리 마음속은 사막이지만 여행이 끝나면 나무로 우거질 것'이라고 했다. 정말 그럴 것 같았다. 숲속을 거닐고 나면 나도 초록빛으로 물들 것 같았다. 내연산의 비경을 만나기 전에 먼저 경내에 들렀다.
 일주문을 지나고 해탈문을 만났다. 해탈이라, 인간세계의 번뇌와 고통에서 벗어나면 '해탈'이라고 했던가. 벽 없는 문 하나만 지나도 해탈할 수 있다면 세상은 얼마나 가벼울까. 그 문은 땅에 있는 문이 아니라 마음에 있는 문이리라. 내 마음에 담겨 있는 그 문들을 벗어나면 해탈의 경지는 감히 넘볼 수 없겠지만 마음 한 자락 평온해질까. 해탈문을 지나 높이 뻗은 소나무 사이로 보이는 하늘은 유난히 파랬다. 내 마음에도 파란빛이 방울방울 스며드는 것 같았다. 천왕문 앞에 이르렀다. '보경사 천왕문 내연산(寶鏡寺 天王門 內延山)' 세 개의 편액이 나란히 내려다보고 있었다.
 보경사는 신라 진평왕 때 지명법사가 진나라에 공부를 하러 갔을 때 도인으로부터 팔면으로 된 거울을 받아와서 연못에 묻고 절을 세웠다고 하여 '보배 보(寶)' '거울 경(鏡)'을 써서 '보경사'라고 한단다. '팔면(八面)

보경사 천왕문 내연산 편액

이라 하니 불상의 좌대나 석등, 탑에서 많이 볼 수 있는 팔각형 석조유물들과 '팔정도(八正道)'가 생각난다. 불교에서 '팔(八)'은 최고의 경지에 다가가기 위한 숫자라고 한다. 누구든지 수행을 하면 팔각을 거쳐 부처의 세계를 상징하는 '원(圓)'형을 이룰 수 있단다. 사람마다 지닌 개성을 잃지 않으면서 서로 차별 없이 하나의 큰 사회를 이루는 원융의 세계에 이르기 전에 거치는 공간이 팔각이라고 하니, 팔면으로 된 거울이 상징하는 것은 무한하리라.

'팔정도'는 깨달음의 경지에 이르기 위해 수행해야 하는 여덟 가지 덕목을 말한다. 치우침 없이 세상을 보는 정견(正見), 바른 마음가짐으로 이치에 맞게 생각하는 정사유(正思惟), 참되고 유익한 말을 하는 정어(正語), 생명을 소중히 여기고 남의 것을 탐하지 않는 정업(正業), 건전한 생활습관을 가리키는 정명(正命), 깨달음을 향해 끊임없이 노력하는 정정

진(正精進), 바른 의식을 지니고 항상 깨어있는 정념(正念), 바른 명상으로 마음의 평정을 찾는 정정(正定)을 의미한다. 이를 진실로 온전하게 지키며 실천하는 사람은 성자라 할 만하리라.

'팔(八)'은 가톨릭에서는 인간과 우주의 조화를 상징하며, 기독교에서는 새로운 시작을 의미하며 낙원과 재생, 부활의 완전한 리듬을 뜻하니, 깊고 넓은 의미를 지닌 숫자가 '팔(八)'이 아닌가 싶다.

거울은 또 어떤가. 아마도 가장 이른 시기의 거울은 청동거울일 것이다. 박물관 전시실에는 거울 뒷면에 조각된 다양한 문양이 더 관심을 받는 것 같다. 거울의 앞면은 아무런 문양이 없을 뿐만 아니라, 실제로 거울의 기능을 했을까 싶을 정도로 밋밋하다. 하지만 정성껏 닦고 문지르면 거울처럼 사물이 비친다고 한다. 놋그릇 표면이 거울처럼 비치듯이 말이다.

하지만 거울은 자신의 뒷모습을 비추지 못하니 스스로의 잘못을 찾아 깨닫기는 어렵다고 한다. 남의 눈에 티끌은 잘 보면서 내 눈에 있는 들보는 알지 못한다는 말과 다를 바 없다. 내가 나를 알지 못하니 남의 잘 잘못을 어찌 논할 수 있을까. 오로지 마음의 거울을 닦으며 스스로를 돌아보는 수밖에. 혹여 내가 잘못된 일을 한다면 나의 거울이 되어 줄 진정한 사람과 인연을 맺는 것도 삶의 지혜가 아닐까 싶다.

깨달음의 경지에 이르기 위한, 인간과 우주의 완전한 조화와 리듬에 비유 될 만한 팔면으로 이루어진 거울을 연못에 묻고 절을 세웠다고 하니, 온전한 부처의 세계를 구현한 절이 보경사가 아닐까. 팔면거울이 씨앗이 되어 연못에서 돋아 난 거대한 연꽃, 고요한 빛이 온누리에 비치는 건물 '적광전'안에 있는 비로자나불과 문수보살, 보현보살이 더 없이 소중하게 느껴졌다.

은은한 연꽃향이 경내에 아지랑이처럼 피어나는 듯 했다. 석가모니의 일생을 여덟 장면으로 표현한 그림이 있는 팔상전(八相殿)옆 소나무 숲길을 따라 원진국사 탑으로 가는 길에 잠시 멈추어서 주변을 둘러보았다. 은행나무도 엄나무도 생강나무도 봄노래를 부르기 시작했다. 마음속에 있던 사막에 샘물이 솟아나는 듯 촉촉해졌다.

절 옆으로 이어지는 내연산 등산로는 연둣빛 숲 그늘이 정갈하고 맑았다. 이정표를 살핀 후 서운암 입구에 있는 한흑구 문학비도 만나고 돌돌돌 흐르는 물소리와 나뭇잎들의 팔랑거림을 벗 삼아 산모롱이를

소금강 전망대

돌아 숲속을 산책하듯 걸었다. 멀리 산속을 바라보기도 하며 오르락내리락하며 상생폭포도 감상하고, 보현암 갓부처도 만났다. 소금강전망대에서 연산폭포와 구름다리·학소대·비하대와 잠룡폭포들을 내려다보니 일곱 난장이가 사는 숲속 같고, 선일대는 소인국의 집처럼 보였다. 우주선 모양의 전망대를 한 바퀴 돌아 나와 여덟 번째 폭포인 '은폭'도 구경했다. 산을 내려오면서 계곡을 건너 마루계단을 따라 선일대로 갔다.

선일대에서 비하대와 학소대, 관음폭포를 감상하고 소금강전망대도 바라보았다. 겸재 정선이 남긴 진경산수화의 〈고사의송관란도〉와 〈내연삼용추도〉의 배경이 된 곳이며 경북8경으로 손꼽히는 명승지다웠다. 예부터 화가는 그림으로 시인묵객들은 문장으로

은폭

관음폭포와 관음굴

수려한 풍광을 표현하였나 보다. 사방을 둘러보니 이곳이 바로 선경이 아닌가 싶었다. 다람쥐 한 마리 재빠르게 나무위로 달려갔다. 땀을 식힌 후 전망대에서 내려왔다.

　잠룡폭포·무풍폭포·관음폭포·연산폭포가 어우러져 장관이었다. 이 주변에서 영화 〈남부군〉과 드라마 〈대왕의 꿈〉을 촬영했다고 한다. 구름다리를 건너 만난 가장 장대한 연산폭포는 주변에 있는 모든 소리들을 삼켰다. 크고 작은 폭포 열두 곳을 품고 있는 내연산계곡, 여름에는

내연삼용추도   연산폭포

짙은 숲 그늘과 맑은 물이, 가을에는 단풍이, 봄에는 참꽃과 연둣빛 새순들이 곱다. 겨울에는 나목들의 참선하는 모습이 거룩하다고 할까. 초록이 날로 더 해가는 오월, 보경사와 내연산을 다녀오니 마음속이 싱그러움으로 가득해졌다. 마음이 울적해지면 또 와야겠다.

오어사(吾魚寺)

포항시 남구 오천읍 오어로1번길, 오어사로 가는 길은 아름다웠다. 봄에는 벚꽃이, 여름에는 짙푸른 그늘이, 가을에는 단풍이 길게 터널을 이루었다. 오어지를 따라 일주문을 지나고 숲길을 20분 정도 걸어가니 왼편에 오어지를 가로지르는 현수교가 있고 정면에 사찰이 있었다.

'오어사'는 창건 당시에는 '항사사(恒沙寺)'라고 했단다. 《삼국유사》에 따르면 혜공스님이 만년에 항사사에 살았다고 한다. 이때 원효대사가 혜공스님을 찾아와 경전에 관해 묻기도 하고 말장난도 했던 모양이다. 하루는 두 분이 냇가에서 물고기와 새우를 잡아 먹고 바위 위에 변을 보았는데, 혜공스님이 그것을 가리키면서 '여시오어(汝屎吾魚), 자네는 똥을 누고 나는 고기를 누었네.'라는 말을 했다고 하여 절 이름을 '오어사(吾魚寺)'로 바꾸었다고 한다.

《삼국유사》는 내용을 액면 그대로 받아들이면 이해되지 않는 부분들이 많다. 의미와 상징으로 표현한 이야기들이 대부분이기 때문이다. 깊은 산 옹달샘을 독사가 먹으면 독이 되고 소가 먹으면 우유가 된다고 한다. 같은 물이라도 누가 마시느냐에 따라 독이 되고 약이 될 수 있다는 것을 의미하는 것은 아니었을까. 혜공은 원효에게 더 많은 수행을 해야 한다는 뜻에서 '여시오어'라는 화두를 던지지 않았을까.

원효대사가 저잣거리에서 '무애춤'을 추면서 민중 속으로 들어가 불교를 전파했던 모습도 위엄과 계율에 얽매이지 않고 중생들과 함께 생활하며 불법으로 교화하는 혜공스님의 영향을 받았던 것 같다. 원효와 혜공, 자장과 의상이 머물렀다는 오어사 정문으로 갔다.

오어지 옆, 2층 누각 처마에 현판 '오어사'가 걸려 있었다. 영친왕에게 글과 그림을 가르쳤던 스승이며 우리나라 최초의 사진관 '천연당'을 운영한 해강 김규진이 쓴 글씨라고 한다. 글씨가 마치 물고기가 헤엄을 치는 형상을 닮았다고 하여 '물고기체'라고 한단다. 그러고 보니 물고기가 힘차게 유영하는 모습 같기도 하다. 글씨 모양이 '여시오어'라는 이야기와 잘 어울리는 것 같다. 실제로 오어사 앞 오어지(吾魚池)에는 편액의 글씨를 닮은 어른 팔뚝만 한 잉어들이 무리 지어 유영하고 있었다. 오어사의 유래와 편액의 글씨체, 그리고 오어지에 있는 잉어들을 생각하며 누각 아래로 들어갔다.

돌계단을 오르니 대웅전이 고풍스럽고 단아했다. 은은한 꽃 문살이 깊은 아름다움을 지니고 있었다. 대웅전 안에는 나무로 만든 목조 석가모니불을 중심으로 왼쪽에 약사불, 오른쪽에 아미타불이 있으며 천장에는 청룡과 황룡을 비롯하여 학 두 마리가 대웅전을 지키고 있었다. 대웅

오어사 현판

대웅전

전에 학이 있게 된 사연이 있단다.

  옛날 오어사 주변에 학이 많이 서식했는데 저수지 공사를 하면서 학이 어디론가 사라졌다. 그런데 저수지 공사가 끝날 때까지 두 마리는 근처를 배회하면서 자리를 떠나지 않더니 어느 날 두 마리마저 날아갔다. 이에 사람들은 그 두 마리 학이 다시 돌아올 것을 기원하며 법당에 학이 영원히 날 수 있도록 했다고 한다.

  그래서 그런가. 절 밖에서 2층으로 보였는데 절 마당에서는 단층 건물로 보이는 '가학루(駕鶴樓)'가 대웅전을 마주하고 있었다. 기다리던 학이 날아와서 앉는 누각일까? 돌아온 학이 법륜(法輪, 佛法의 수레바퀴)을 끄는 곳일까? 가학루에 앉으면 누구라도 신성한 학이 될지도 모를 일이다.

  대웅전 외벽에는 심우도(尋牛圖)가 그려져 있었다. 소를 잃은 목동이 힘든 과정을 거쳐 소를 찾아 마침내 소 등에 앉아 편안하게 피리를 연주하며 어디론가 떠나는 그림이다. 목동이 찾은 '소'는 무엇을 의미할까. 거세게 반항하던 소와 한 몸이라도 된 듯 평화로운 모습이다. 소가 목동에게 길들여진 것일까, 목동이 소의 순종을 기다린 것일까.

내 마음속에 잠자고 있는 갈등은 무엇인가, 나에게 반항하는, 내가 찾으려는 '소'는 무엇이며 어디에 있는 걸까. 발자국이나 꼬리를 얼핏 본 것도 같지만 오리무중이다. 가학루에 앉아 있으려니 풍경소리를 따라 내 마음도 흘렀다. 멈추었다가 흔들리고, 또 흔들렸다가 멈추는 풍경처럼.

유물전시관에 들렀다. 아담한 종이 오래된 할머니처럼 앉아 있었다. 마치 국립경주박물관에 있는 성덕대왕신종을 축소한 것 같다. 음통, 용

오어사 전경

뉴, 비천상, 상·하대와 연곽·연뢰·당좌·범어의 조각이 매우 섬세하고 아름답다. 종 표면에 긁힌 자국이 선명하고, 그 가운데 글자가 보였다. 이 글자를 통해서 1216년 동화사에서 제작해서 오어사에 걸었다는 것을 알 수 있었다고 하니 금석문의 가치를 새삼 느낀다.

   단아한 종에서 청아한 소리가 울려 그 종소리를 듣는 사람은 마음이 맑고 정갈해졌으리라. 이 종은 언제 무슨 사연으로 땅속에 있다가 발견되었을까. 종을 이리저리 둘러보고 옆에 있는 검은빛 비(碑)를 보았다.

   돌로 만든 석비(石碑)인줄 알았는데 나무로 만든 목비(木碑)가 나란히 옛날을 이야기해주었다. 사찰의 형편이 궁핍하여 지역민들이 계를 조직하여 절이 유지될 수 있었다고. 종교를 떠나 지역민들이 오래된 사찰의

오어지 둘레길

법등을 꺼지지 않게 하려고 애쓴 마음도 원효와 혜공의 마음 한 자락이 아니었을까.

석비는 흔히 볼 수 있지만 철로 만든 철비(鐵碑)와 목비는 매우 드물게 남아있는데, 이곳에서 온전한 목비를 만나다니. 오래된 것들을 소중하게 여기고 관리해 온 사람들의 정성이 놀랍다. 전시관을 둘러보고 '범종각' 앞에 섰다.

범종을 직접 쳐 볼 수 있도록 해두었다. 살며시 당목을 잡고 범종을 향해 밀었다. 당좌에 부딪히자 종소리가 울려 퍼졌다. 대웅전 마당으로 흘러 관음전과 해수관음상을 감돌아 삼성각·산신각·응진전을 쓰다듬고 오래된 배롱나무와 보리자 나뭇잎 사이를 거쳐 내 마음속으로 흘러들어와 나를 깨웠다. 절 문을 나와 원효교를 건너 숲 그늘이 짙은 오어지 둘레길을 거닐었다. 바람이 상쾌했다. 혜공스님과 원효대사도 이 바람을 아셨을까.

법광사지 (法廣寺址)

　해질녘 포항시 북구 신광면 상읍길 266-19 비학산 자락에 있는 법광사지에 갔다. 학이 알을 품고 날아가는 형상을 한 비학산(飛鶴山), 어린 새가 어미의 품속을 찾듯 산자락을 더듬었다. 법광사가 있던 자리는 넓은 풀밭으로 변했고 계란 꽃과 강아지풀이 칠월을 노래하고 있었다. 당간지주도 석조불상대좌도 풀밭 속에서 자리를 지키고 있고, 제 자리를 잃은 석조유물들은 한 곳에 나란히 누워있었다.
　안내문에 따르면, 신라 진평왕 때 창건되어, 흥덕왕 때 탑을 세우고, 문성왕 때 탑을 옮겨 짓고 사리22과를 봉안했다고 한다. 525칸의 대가람이었으나 조선 영조 때 절의 형편이 어려워 쇠락해졌으며, 철종 때 불

법광사가 있던 자리

에 타 없어진 뒤 다시 건물을 지었으나 이후 화재로 인해 절은 사라졌다. 불에 타지 않는 돌들만 남아 융성했던 옛이야기를 들려주었다.

숭안전(崇安殿) 옆 언덕에 쌍신두귀부(雙身頭龜趺,두 마리 거북모양으로 만든 비석 받침대)가 불상이 있었던 금당을 향하고 있었다. 이런 유물은 신라를 건국한 박혁거세와 알영부인을 길렀다고 전하는 경주 창림사지, 문무왕이 삼국통일 후 무기를 감추었다고 전하는 무장사지, 원성왕의 원찰이라고 전하는 숭복사지에서 발견된다. 법광사지는 진평왕의 원찰이라고 하니 왕실과 연관 있으리라.

그런데 왜 신라의 수도에서 멀리 떨어진 이곳에 거대한 절을 짓고 죽은 왕의 명복을 기원하는 원찰로 삼았을까. 고구려 전성기 무렵 이 일대는 고구려 땅이었다고 한다. 법광사지와 가까운 곳에 5세기 말에 축조된 냉수리 고분의 무덤구조와 흥곡리 고분군에서 출토된 청동 도장 '청

발굴된 석조유물들

쌍신두귀부

동 진솔선예백장 인장(靑銅 晋率善濊伯長 印章)'을 통해 고구려의 흔적으로 볼 수 있으니 신라와 고구려의 접경지에 큰 절을 건립하고 불교를 구심점으로 삼아 나라를 지키려 했던 것은 아닐까. 절의 규모로 신라의 국

력을 표현했던 것은 아니었을까. 또한 인근에서 '냉수리 신라비'와 '중성리 신라비'가 발견되기도 하여 신라시대에는 매우 중요한 지역이었을 터이니 왕실에서 관리하는 특별한 사찰이었을 지도 모른다.

쌍신두귀부를 보고 숭안전으로 왔다. 대문은 닫혀있었다. 숭안전 마당 양편에 서있는 잎이 무성한 은행나무 두 그루가 수문장같이 든든했다. 어느 해 숭안전 마당에서 금빛 융단을 만났었다. 따스한 햇살이 보석처럼 반짝이는 날이었다. 굳게 잠긴 자물쇠를 풀어 문을 열자 황금빛 융단이 활짝 펼쳐졌다. 마치 비밀의 화원 같았다. 아늑하고 찬란한 고요에 숨이 멎을 것 같았다. 차마 밟을 수가 없었다. 한참 동안 눈으로 먼저 쓰다듬고 나서 조심스레 은행잎 위를 지나 햇살이 한 뼘쯤 남은 마루에 걸터앉았다. 어디선가 바람이 건듯 불어와 금빛 비가 후두둑 떨어졌었다. 봄날 바람에 흩날리는 꽃잎이 환희라면 소나기처럼 떨어지는 잎새들은 속절없는 허망함이라고 할까.

떨어져 뒹구는 잎들을 바라보며 찬란했던 황금의 나라 신라를 연상했었다. 한 나라의 흥망성쇠의 흐름도 이와 비슷하리라. 사람의 일생이나 한 그루 나무의 생애도 다를 바 없는 것 같았다. 어린나무에서 새잎 돋아나고 짙푸른 잎으로 무성하다가 마침내 낙엽 되어 사라지고 마는 것. 마치 화려했던 법광사처럼. 나도 언젠가는 이 세상을 떠날 것이다. 남은 사람들에게 어떤 모습으로 기억될까.

숭안전 앞에서 멀리 동해가 아스라이 보였다. 빈 절터를 바라보니 과연 신라 왕경의 건물에 버금가는 품격과 위상을 갖추었을만 했다. 2022년까지 발굴 조사한 바에 따르면, 남북으로 60미터 정도의 석축을 쌓았

숭안전 은행나무

으며 입구부터 건물이 있는 곳까지 단과 단 사이에도 석축을 쌓아 4층을 이루었으며, 중심이 되는 금당은 다른 건물보다 5~6미터 높은 곳에 건물과 회랑도 있었다고 한다.

불상이 있었던 금당지는 정면 18m, 옆면 17m정도이며 동쪽을 향하고 있고, 주변에는 궁궐이나 황룡사지, 영묘사지, 감은사지, 사천왕사지, 불국사 등 왕실 중심 사찰에서 발견되는 푸른빛이 감도는 녹유전이 다수 발견되어 법광사지도 왕실과 연관 있는 사찰로 추정한다. 그 외 배수로와 기와, 향로와 정병뿐만 아니라 사찰의 규모와 위치, 건축방식 등이 밝혀졌다.

특히 지금까지 밝혀지지 않았던 불상 조각이 출토되어 높이 180cm 정도 되는 불상이었을 것으로 추정되어 관심을 모으고 있다고 한다. 불상은 어떤 모습이었을까. 어미 새가 어린 새를 따스하게 품에 안듯이 법광사를 찾아오는 모든사람들에게 인자한 미소로 마음을 편안하게 해 주었으리라. 절의 규모는 불국사만 했을 것이고 불상은 석굴암의 본존불과 닮았을지도 모르겠다.

옆에 있는 1930년대 지은 법광사에 들렀다. 석등·돌기둥·계단 소맷돌·배례석 등 곳곳에 법광사지에 있었던 유물들이 낯선 집을 장식하고 있었다. 법광사 옆 계곡을 따라가다가 오른쪽으로 접어들어 흙돌담 안에 있는 삼층석탑을 둘러보았다. 1968년 탑 속에 있던 두 개의 탑지석(塔誌石)을 통해 법광사지의 내력을 알 수 있었다고 한다. 비학산 자락에 웅장한 모습으로 신라를 지켰던 법광사지, 황금빛노을이 가만히 내려앉고 있었다. 뺨을 스치는 싸늘한 바람이 그리운 날, 옷깃을 여미며 또 와야겠다. 어린 새가 어미 품을 찾듯이.

천곡사(泉谷寺)

　매미 소리 녹음처럼 무성했다. 포항시 북구 흥해읍 도음로 476, 도음산 자락에 자리 잡은 천곡사에 다녀왔다. 이정표를 따라 등안교(登岸橋) 아래 약수터로 내려갔다. 그늘이 짙었다. 마치 깊은 계곡에 온 것 같았다. 약수 흐르는 소리에 매미 소리도 묻혔다. 서늘한 그늘 속에서 힘차게 흐르는 약수를 만나니 선경이 여기가 아닌가 싶었다. 기상청에서 연일 발표하는 폭염경보는 딴 세상 이야기 같았다. 약수는 선덕여왕의 피부병을 낫게 했다는 석정약수(石井藥水)에 관(管)을 설치하여 계곡으로 흐르게 한 것이다. 물은 쉼 없이 쏟아져 나왔고, 물이 떨어진 주변은 황토빛으로 물들어있었다. 흐르는 약수에 손을 헹구고 물 한 모금으로 더위를 식혔다.

약수터

석정약수

약수터 주변은 그늘이 짙어 늘 이끼가 있고 물이 마르지 않는다. 세곡으로 내려가는 길은 철조망으로 막아 두었다. 아마도 계곡 벼랑에 서식하는 고란초를 보호하고, 안전을 위해서 설치해 둔 것 같다. 한참 동안 콸콸 흘러나오는 약수를 바라보며 숲속에 있으려니 '부모은중경'이 고요히 들렸다. 절 입구에서 본 '참회대도량 도음산 천곡사'라는 표지판이 생각났다. 부모은중경을 들으면 마음이 숙연해진다. 약수처럼 흐르는 부모은중경을 되새기며 약수터에서 올라왔다. 등안교 옆 능소화와 접시꽃, 백일홍들도 한여름 뙤약볕처럼 붉었다. 경내로 들어갔다.

천곡사는 신라 선덕여왕 때 창건하였으며 고려 충혜왕 때 복원했으나 한국전쟁 때 소실되어 옛 흔적은 찾을 수 없다. 당시 선덕여왕은 피부병을 앓고 있었던 모양이다. 한 신하가 동해안 천곡령 아래에 있는 약수가 효험이 있다고 하여 왕이 이곳에 와서 며칠 묵으면서 그 물로 치료하여 피부병이 나았다고 한다. 이후 왕은 이곳에 절을 짓게 하고 샘이 있는 계곡이라 하여 절의 이름을 '천곡사(泉谷寺)'로 명명하였다고 전한다.

선덕여왕의 피부병을 낫게 했다는 석정약수(石井藥水)는 보호각 안에 있었다. 보호각 앞에는 마치 비행접시 같기도 하고 거대한 버섯모양 같기도 하고 알 같기도 한 바위가 있었다. 볼 때마다 그 모양이 특이하여 눈길이 한참 머문다.

천곡사는 도음산 자락에 있다. 도음산(禱陰山), 즉 그늘에서 기도한 산이라는 뜻이니, 은거하면서 고요히 기도하는 산이라는 의미일 것이다. 그래서 그럴까. 천곡령 계곡 아래 짙은 그늘에서는 왠지 몸과 마음을 가다듬게 하는 기운이 느껴졌다. 선덕여왕은 사람들의 눈길이 드문 곳에서 피부병을 낫게 하면서 신라의 융성을 기원했을 수도 있겠다.

이곳에서 약 4킬로미터 정도 떨어진 곳에는 선덕여왕의 아버지 진평왕이 법광사를 창건하고, 딸인 선덕여왕은 천곡사를 창건하여 신라 왕족과 귀족들의 발길도 잦았으리라. 그들도 바위 사이에 흐르는 약수를 신성하게 여겼을 것이다. 일천사백여 년 전 신라 왕족들이 머물렀을 광경을 상상하며 관음전으로 향했다.

2000년대에 지은 관음전 석축과 기단, 곳곳에서 창건 당시 석조유물들은 옛 절을 추억하고, 외벽에는 천곡사의 창건설화를 알 수 있는 그림이 그려져 있었다. 관음전에서 아스라이 동해가 바라보였다.

집으로 오는 길, 다시 약수터에 내려갔다. 약수는 홀로 독경삼매에 빠져있는 듯했다. 나도 고요히 부모은중경을 마음에 새겨 담았다. 자식을 위해 모든 정성을 다 바치신 부모님의 그 높고 깊은 은혜를 어찌 말로, 글로 표현할 수 있을까. 천국에 가신 아버지와 요양병원에 누워 계시는 어머니가 생각나 마음이 아팠다. 시원한 약수 한 그릇 드리고 싶지만 받아주실 분 없으니 내 손과 마음이 허허롭기 짝이 없다. 바가지로 약수를 받아 한 모금 마셨다. 내 마음에 있는 병들도 말끔히 나아지려나.

고석사(古石寺)

고요와 평온이 견고했다. 영일만대로를 달려 장기방면으로 우회전해서 고석사로 향했다. 길등재를 너머 방산2리 마을 앞을 지나 장기천을 따라가다가 이정표가 가리키는 방향으로 갔다. 장기천을 건너 좁다란 길이 이어졌다. 길가에 은행나무와 소나무, 참나무들이 짙은 숲을 이루어 서늘했다.

포항시 남구 장기면 방산로 526, 망해산(望海山)자락에 자리 잡은 천년고찰이다. 법당 뒤에 있는 산에 신비로운 기암괴석이 솟아나 동해를 바라보며 있다고 하여 '망해산'이라고 한다.

고석사는 선덕여왕 때 창건하였다고 전하나 정확히 알 수는 없다. 설화에 의하면, 선덕여왕이 어느 날 궁궐 동편에서 삼일동안 세 줄기 빛이 비치는 것을 보고 신기하게 여겨서, 혜능국사에게 서광이 시작되는 곳을 찾도록 하였다. 혜능국사가 빛을 따라와서 보니 땅에서 솟아난 바위에서 빛이 나고 있었다. 왕에게 알렸더니 왕은 이곳에 절을 짓게 하고 오래된 바위에서 상서로운 빛이 시작되었다고 하여 절 이름을 '고석사(古石寺)', 법당은 '보광전(普光殿)'이라 명명하였다고 한다.

사찰의 규모는 아담하나 신비스러운 기운이 느껴졌다. 가만히 언덕을 올랐다. 법당에 현판이 두 가지가 있었는데 한쪽은 흰색 글씨로 보광전(普光殿), 한쪽은 금빛 글씨로 미륵전(彌勒殿)이었다. 건물 하나에 각기 다른 현판이 걸려 있는 것도 특이했다.

미륵불의좌상

　미륵전 앞에서 안내문을 읽은 후 법당문을 가만히 열었다. 불 꺼진 법당 안에 불상이 당당하게 앉아 있었다. 조심스레 가만히 바라보았다. 상처가 많았다. 가슴에는 총탄 자국 같은 상처가 선명하고 혈색 없는 환자 같았지만 그 위엄은 당당했다. 어느 조각가가 바위 속에 숨어있던 부처를 찾아냈을까. 바위를 쓰다듬고 정으로 쪼며 얼마나 많은 시간과 씨름했을까. 온전한 형상을 찾아냈을 때 그 환희는 또 어떠했을까.
　살며시 문을 닫고 나와 법당 옆 언덕을 올랐다. 어제 내린 비가 땅에 촉촉이 남아있었다. 조심스레 올라가니 거대한 두꺼비 바위가 있고, 바위 앞에는 작은 기도처가 마련되어 있었다. 이곳에서도 사진을 많이 찍는 모양이었다. 바위 가까이에 가서 보니 바위 가운데에 마치 아버지의

서 있는 옆모습을 닮은 구멍이 뚫려있었다. 여러 해 전 글벗들과 이곳에 와서 서로 마주 보며 사진을 찍었던 기억이 났다.

  신령스러운 기운이 느껴지는 바위를 바라보고 돌아서 나오다가 스님을 만났다. 스님은 법당에 불을 켜고 문도 활짝 열어주며 기도하기를 권했다. 마음 넓으신 스님 덕분에 밝은 법당에서 다시 불상을 바라보았다. 아픔이 더 환하게 보였다.

  천 년 전 땅에서 솟아오른 바위는 약사여래불로 탄생하였다가 1920년대 석회로 몸단장을 하면서 돌로 만든 석불상인지 석고로 만든 석고불상인지 알 수 없는 모습으로 변신했다가 2009년 석고를 벗고 '미륵불의좌상'으로 재탄생했다. 그 과정에서 입은 흉터도 고스란히 남아있었다. 오랜 세월 아픔을 겪고서도 굳건하게 앉아서 깨달음을 주는 듯했다. 말없이 살아가라고. 내려오는 길에 큰 바위를 다시 바라보았다. 바위 속에 보살과 부처가 숨어있는 것 같았다.

해봉사(海逢寺)

포항시 남구 호미곶면 명월길 304-16, 여름 한낮 기승을 부리던 무더위도 지쳐 고개 숙인 즈음, 호미곶면 명월산 자락에 있는 해봉사에 다녀왔다. 호미곶에서 구룡포 방면으로 오다가 구룡포청소년수련원 앞에서 '해봉사' 이정표를 보고 들어갔다. 저수지와 산자락을 따라 굽이굽이 이어지는 길, 초목들도 무더위에 지친 듯 기척이 없었다. 마을 앞 좁다란 길을 조심스레 지나자 평평한 곳에 사찰이 있었다. 절 마당에서 배롱나무꽃이 길손을 맞이했다. 대웅전 앞에 석가탑과 오래된 배롱나무가 마치 동탑·서탑처럼 짝을 이룬 모습이었다. 동목·서탑(東木·西塔)이라고 할까. 수행 중인 듯 고요한 경내를 가만히 둘러 보았다.

해봉사 전경

해봉사는 1,400여 년 전, 군마사육(軍馬飼育)을 기원하는 사찰로 창건되었다고 전한다. 군마 사육장은 현재 포항시 남구 구룡포에서 동해면 흥환리까지 호미반도를 가로지르는 높이 2~3m, 길이 7km 정도의 석성을 쌓고 그 안에서 말을 기른 곳이다. 지금도 '말목장성(馬牧場城)' 흔적은 현장에 뚜렷이 남아있으며 우리나라에서 가장 규모가 컸다고 한다. 1905년 이후 사육하던 군마 300여 마리는 일본으로 가져가고 목장은 문을 닫았다. 씩씩하던 군마(軍馬)도, 사람도 사라지고 석성만 길게 누워 바람을 맞으며 그 자리를 지키고 있다.

선덕여왕은 이곳에 국마축원당(國馬祝願堂)을 설치하여 춘추로 제를 지냈다고 한다. 고려 때 폐사되었다가 조선 명종 때 중건하여 승려 40여 명이 상주하는 거찰이기도 했었다. 이후 화재로 인한 소실과 중건을 거듭하였으나 건물이 쇠락하여 1992년 대웅전을 지어 오늘에 이른다. 2002년 경내에 다보탑을 건립하고 2005년 대종을 봉안했다. 소박한 규모의 사찰이지만 천년고찰이 있던 유서 깊은 곳이다. 경내를 둘러보다가 '국민보도연맹희생인위령비'를 만났다. 깜짝 놀랐다. 순간, 등에 흐르던 땀이 서늘해졌다. 얼음이라도 된 듯 그 자리에 서서 단숨에 비문을 읽었다.

국민보도연맹희생인위령비

이승만 정권 시 좌익인사들을 전향시키고 그들을 관리 통제하기 위하여 1949.4.15~1950.1월경까지 '국민보도연맹'을 설립하고 전국에 조직을 구성했으나 한국전쟁이 발발하자 보도연맹원들이 북한으로 갈 의심이 되어 전라남북도를 제외한 전국에 비상계엄령을 선포하고 그들을 '빨갱이'란 명분으로 수십만 명을 학살하였으며 유가족들은 '연좌제'라는 올가미에 묶여 숨도 제대로 못 쉬고 살아야만 했다.

1998년 문민정부가 출범한 후 2005년 12월 '진실화해를 위한 과거사정리 기본법'이 통과하여 조사한 바 이승만정권이 저지른 만행이 규명되었다. 포항지역에서도 166명이 희생된 것으로 조사되었다. 2010년 포항지역 국민보도연맹 희생인 유족회를 결성하여 2011년 대보초등학교에서 합동위령제를 지냈다. 36명의 유족들은 국가를 상대로 손해배상 청구소송에서 승소판결을 받았으나 아직도 구천에 떠돌고 계실지도 모를 영령들의 극락왕생과 영면을 기원하면서 명월산자락 해봉사에 위령비를 2015년12월5일 건립하게 되었노라.

어릴 적 한동네에 살았던 이웃집 오빠가 생각났다. 인물도 좋고 똑똑하고 인사성 밝아 동네에서 촉망받는 오빠였다. 삼대가 한집에서 고만고만하게 살았다. 사람들은 '연좌제' 때문이라고 쉬쉬했다. 어린 나는 '연좌제'가 무엇인지는 모르지만 공부도 잘하고 운동도 잘하던 오빠가 취직을 할 수 없다는 것이 이해가 되지 않았다. 세월이 흐르면서 잊고 지냈다.

최근 그 오빠의 근황이 궁금하여 알아보았다. 포항과 멀지 않은 지역에 살고 있다고 했다. 그동안 살아온 이야기를 듣고 싶었으나 '그 말, 꺼내지도 마라, 생각도 하기 싫다.'며 단호했다. 겨우 아문 상처를 건드려 도지게 한 것 같아 죄송하기 짝이 없었다. 세월이 바뀌었다고는 하지만 혹여라도 후손들이 나처럼 고통스러운 삶을 살까 봐 이야기할 수 없다고. 대물림이 될까 봐 지금껏 그 이야기는 한마디도 하지 않고 살아왔다고. 손주를 둔 할아버지의 깊은 속마음을 느낄 수 있었다. 민들레 같았다. 혹독한 환경에서도 꿋꿋하게 뿌리내리고 꽃피우는 민들레.

젊은 시절, 억울함과 고통스러웠던 일들은 가슴 속에 꽁꽁 쟁이며 앞만 보고 살아온 나날들, 무너졌다가 일어나고, 또 무너졌다 일어서야 했던, 그 기막힌 삶은 겪지 않은 사람은 도저히 그 심정을 알 수 없을 것이다. 나는 아무 말도 할 수 없었다.

억울함을 견디며 살았던 사람들이 어디 한둘일까. 독립운동과 한국전쟁, 그리고 남북으로 분단된 혼란한 시기에 희생된 사람들과 그 후손들의 비참한 삶을 어떻게 글로, 말로 표현할 수 있을까. 우연히 길 따라 온 해봉사에서 민들레처럼 살아온 숱한 사람들을 만난듯했다. 배롱나무 붉은 꽃잎이 눈물처럼 떨어졌다. 뚝뚝.

근대화 이야기

사방기념공원

연둣빛 새순들이 꽃처럼 고운 날, 사방기념공원에 왔다. 포항시 북구 흥해읍 해안로 1801. 이곳에 오면 2000년초 그날이 어제처럼 떠오른다. 흥해 칠포리와 오도리, 신흥리 일대에 발생한 대형 산불, 어두운 밤 강한 바람을 타고 산을 삼키는 불기둥의 대열은 성난 파도 같았다. 불의 혀들은 어둠을 핥으며 산등성이로 올라갔다. 속수무책이었다. 대자연이 사라지는 현장을 멍하니 바라만 봐야 했다. 시뻘건 불길은 정말이지 마귀 같았다. 그때 내 귀에 소나무의 비명이 들려왔다.

'우~~~우~~~우~!!' 깊고 깊은 소나무의 울음소리는 내 귓속을 울리고 뇌리를 가득 채웠다. 나도 눈물이 줄줄 흘러내렸다. 형용할 수 없는 그 절규는 지금도 내 뇌리에 화석처럼 박혀있다. 여명이 비치자 거대한 무덤이 눈앞에 펼쳐졌다. 마치 망나니들이 휘두른 칼에 도륙을 당한 것 같았다. 매캐한 냄새와 나무들이 흘린 검은 피가 낭자했다. 거짓말 같았다. 흔적도 없이 사라진 숲과 나무들, 유령처럼 재가 흩날렸다. 목이 타는 듯이 따가웠다. 생수를 벌컥벌컥 들이켰다.

산불이 나기 전, 이 지역은 심한 경사와 이암층 토질로 이루어진 땅이라 나무가 뿌리 내리기 어려운 여건이었다. 1973년 '영일지구사방사업 5개년 계획'에 따라 황폐하고 비탈진 산을 계단식으로 조성하여 경사면에는 잔디를 심고, 평평한 곳에는 나무를 심고, 산 위에서 아래로 곳곳에 깔때기 모양의 배수시설을 만들어 이룬 푸른 산이었다. 연인원 360

만 명이 힘을 합하여 다른 곳에서 흙을 가져와 땅심을 돋우어 묘목과 잔디를 심고, 씨앗을 뿌려 정성껏 가꾸어 만든 울창한 숲이었다. 하지만 2000년 초 대형 산불이 두 번이나 발생하여 산림은 모두 불에 타고 말았다. 나는 그 자리에 있었다.

그날 이후 한순간에 주검이 되어 뒹구는 나무의 검은 뼈들을 수습하고 약을 바르듯 어린나무들을 심었다. 1970년대 전국 최대 규모 '영일지구사방사업'을 성공하여 우거진 숲을 이룬지 삼십여 년 만이었다. 군·관·민이 합세하여 다시 정성껏 나무를 심고 가꾸어 '사방기념공원'으로 재탄생했다.

'사방(砂防)'이란 모래나 흙이 무너져 내리지 않도록 하여 재해를 예방하거나 줄이는 일이다. 이 일은 아마도 인류가 정착생활을 할 때부터 시작되었으리라. 우리나라 사방은 1907년에 시작되었다. 대한민국 사방사업 100주년을 기념하여 사방사업을 성공한 이곳에 사방기념공원을 준공했다. 사방시설, 기념관, 야외전시장, 디오라마, 산책로와 휴식공간들이 마련되었다. 어린이들과 가족, 연인들의 나들이 장소로 인기가 높을 뿐만 아니라 사방사업의 기술을 배우려는 외국인들이 방문하기도 한다. 또한 주변경관이 수려하여 '포항12경'에 선정된 곳이기도 하다.

2023년 봄, 오늘 또, 강원도 강릉에 산불이 났단다. 2000년대 동해안 울진과 강원도 일대에서 발생한 산불로 입은 큰 상처가 아직도 그대로인데…. 20여 년 전 그 깊은 소나무의 절규가 되살아난다. 그 울음소리가 나를 마구 흔들어댄다. 산불 소식을 들을 때마다 나를 사로잡는 그 소리. 두 손으로 귀를 막고 눈을 감았지만 환청은 더 크고 뜨겁게 나를 옥죄었다. 호흡이 가빠지고 얼굴이 벌겋게 달아오르며 온몸에 땀이 맺혔다. 도대체 어떤 사람 때문일까. 물을 들이켰다. 그날처럼. 불덩이 같던 가슴이 가까스로 진정되었다.

어린나무들의 작은 몸짓이 사랑스럽다. 보드라운 새싹들을 눈으로 쓰다듬으며 바람의 언덕을 지나 묵은봉으로 올라갔다. 드라마〈갯마을 차차차〉의 홍반장의 배 '순임호'를 만났다. 나무계단은 가팔랐지만 땀 흘린 보람은 컸다. 울울하던 가슴이 시원스레 뚫렸다. 신기하다. 분명 배가 산 위에 있지만 바다 위에 떠 있는 것 같다. 주변을 둘러보았다. 산과 바다, 어느 방향으로 사진을 찍어도 배경이 멋지다.

묵은봉에서 바라본 사방기념공원과 동해

가까운 곳에 있는 드라마 촬영지도 둘러보아야겠다. '공진항'은 청진3리 청진항이요, '윤치과'는 청진3리 복지회관 2층이었으나 지금은 '윤스토랑'으로 여행객을 맞이한다. '공진시장'으로 불리었던 청하시장에 가면 티격태격, 오손도손 살아가는 갯마을 사람들을 만날 것도 같다.

묵은봉에서 동해 바라보기

묵은봉에서 평탄한 길로 내려왔다. 곳곳에 봄을 노래하는 초목들의 여린 손짓이 고왔다. 관해루에 앉아 끝없이 펼쳐지는 산세를 바라보았다. 다양한 초록빛 새순들이 비단결 바다 같았다. 이 싱그러운 생명들이 지구의 주인공이다. 나무들이 풀들이 아픔 없이 자라기를 바라는 것은 나만의 욕심일까. 숲이 평화로우면 인간 세상은 훨씬 더 풍요로울 텐데…. 사월, 소나무의 그 비명이 제발 되살아나지 않았으면 좋겠다.

새마을운동 발상지 기념관

　포항시 북구 기계면 새마을발상지길 116, 새마을운동 발상지 기념관을 향했다. 기계면 입구에 이르자 초록색 새마을기가 펄럭이며 환영했다. 어릴 적 이른 아침부터 마을에서 펄럭이던 깃발과 4-H 푸른 모자를 쓴 마을 언니와 오빠들의 모습이 떠올랐다. 삽과 괭이나 긴 빗자루를 든 아버지들과 머리에 수건을 쓰고 물동이를 인 어머니들의 모습이 선하게 떠올랐다.
　초등학생이었던 나는 아버지를 따라 집 앞길을 쓸고 마당을 청소하곤 했었다. 초가지붕이 벗겨지고 슬레이트나 기와로 지붕이 바뀌었고, 집집마다 상수도가 설치되어 물동이를 이고 마을 앞에 있던 공동우물에 물을 길으러 다니는 일도 없어졌다. 전기가 들어와 초롱불이나 촛불을 밝히고 책을 보던 일도 사라졌다. 마을 골목길이 넓어지고 리어카가 다니기에도 수월해졌었다.
　새벽이면 새마을 노래가 마을에 울려 퍼졌고 어린 우리들은 눈을 비비며 일어나 빗자루를 들고 대문 밖 골목을 쓸기도 했었다. 학교 가는 날에는 6학년 언니·오빠들과 저학년들이 서로 손을 잡고 줄지어 가며 새마을 노래를 부르거나 동요를 부르며 다니곤 했었다. 1970년대에 있었던 일이지만 먼먼 옛이야기 같다.
　기계면 초입에서 31번 도로를 따라가다가 우리농산물시장 사거리에서 왼편으로 접어들어 기계천을 가로지르는 다리를 지나 마을로 들어가니 새마을운동 발상지 기념관이 있었다. 광장에는 새마을 노래가 힘차게 울려 퍼졌다. 어린 시절 고향마을에서 듣던 노래였다. 달뜬 마음으로 계단을 올랐다. 기념관 입구에서 반겨주시던 당시 기계면 문성동장이었던 홍선표 어르신의 모습이 떠올랐다.

아버지와 홍선표 어르신

2009년 기념관 개관 후 거동이 다소 불편하신 아버지를 모시고 이곳에 왔었다. 두 분은 서로 부둥켜안으며 눈물을 글썽이시며 건강을 염려해 주시곤 했다. 한참 동안 잡은 손을 놓지 못하셨다. 살아온 날들의 만감이 교차하는 듯 두 분의 마음을 충분히 읽을 수 있었다. 홍선표 어르신과 아버지는 각별한 사이였다. 새마을지도자로 동고동락을 하며 힘든 시기 마을을 위해 함께 힘써 오신 분들이니 말해 무엇하랴. 자그마한 두 노인의 뒷모습이 거대한 소나무 같았다. 두 분은 손을 꼭 잡고 전시관을 둘러보며 젊은 날들을 회상하며 이야기를 나누셨다. 마음이 서로 통하던 벗을 만난 기쁨이 두 분의 얼굴에 가득했었다. 그 후로 두어 번의 만

남은 있었지만 지금은 두 분 모두 하늘나라에 가셨다. 더 자주 만나게 해 드릴 걸…. 그리움과 후회가 밀려왔다.

　새마을 노래를 흥얼거리며 기념관을 들어갔다. 1971년 9월 17일 박정희 대통령은 당시 영일군 기계면 문성동을 순시하였다. 그때 함께 자리한 국무의원과 시·도지사들에게 '전국의 시장, 군수는 문성동과 같은 새마을을 만들어라.'고 지시함으로써 문성리가 새마을운동의 발상지가 된 것이라고 한다.

　문성리는 1967년부터 주민들 스스로 마을 공동지하수를 개발하고 양수장을 설치해서 비가 내려야만 모내기를 할 수 있었던 천수답(天水畓)을 물 걱정 없이 농사지을 수 있는 수리안전답(水利安全畓)으로 바꾸는 등 온 동네가 한마음으로 잘살아보자는 노력을 활발히 펼쳤다. 이후 '새마을 가꾸기' 사업이 전국으로 확대되면서 주민들은 더 힘을 모아 기계천을 가로지르는 문성교를 설치하고, 논밭을 기증해 기계천에서 마을까지 도로를 개설하고, 농로를 넓히고 마을 안길을 확장해서 차량이 드나들 수 있도록 하는 한편 지붕을 개량하고 흙담을 시멘트 담장으로 바꾸었다. 어려운 살림 속에서 기적적인 발전을 이룬 문성리는 전국에서 가장 성공적인 새마을 사례로 꼽혀 새마을운동의 본보기가 되었다.

　기념관 1층 희망의 빛 전시실에서 새마을운동 상징조형물과 가난에서 벗어나기 위해 노력하는 주민들의 모습, 협동으로 일하는 새마을 사업 공사 장면, 새마을운동에 앞장선 유공자들의 훈·포장과 수상 사진 등을 통해 새마을운동의 역사와 미래를 알 수 있었다. 2층 희망의 땅 전시실에서 문성리의 새마을운동 발자취와 새로운 기적을 꿈꾸는 포항의 미

새마을운동 발상지 기념관

래를 영상으로 관람 한 후 인성교육체험관으로 활용하는 100여년 된 남양홍씨 종택도 둘러보았다.

　새마을운동은 공공정책 부문의 '한류'라 불릴 만큼 제3세계 국가들이 바람직한 발전 모델로 삼아 연구한다고 한다. 다른 나라의 도움을 받으며 살아야만 했던 대한민국이 세계10위권 경제대국으로 성장할 수 있었던 저력은 새마을운동의 정신이 있었기에 가능했을 것이다.

　새마을운동은 대한민국 발전에만 그친 것이 아니라 스리랑카에 새마을 시범마을을 조성하기도 했으며, 페루·쿠바·가나·필리핀·에티오피아·인도네시아 등 개발도상국 외국인 학생들이 한국에 와서 새마을운동의 정신과 농업기술을 배워 본국으로 돌아가 새마을운동을 실천하며 전파하는 지도자로 활동하는가 하면, 우리나라에서도 해외 봉사단을 파견하여 새마을운동의 경험과 성공사례를 알리고 현지에서 전문 인력을 양성하기도 한다고 하니 새마을운동은 세계적으로 주목받는 정신운동인 셈이다.

새마을운동은 현재도 유효하다. 가난한 시대에 요구되었던 새마을운동과 오늘날 새마을운동은 다르다. 당시는 '잘살아보세'를 외치며 쌀밥 한 그릇 배불리 먹기를 소망했던 시절이었다. 오늘날은 건강을 위해 쌀밥보다 잡곡밥을 선호하는 시대이다. 부지런한 근면(勤勉), 스스로 힘을 기르는 자조(自助), 한 가지 뜻으로 힘을 모으는 협동(協同), 오늘날 현실에 맞는 나만의 새마을정신을 되새기며 기념관을 나왔다. 광장에 흐르는 새마을 노래를 따라 불렀다.

새벽종이 울렸네 새아침이 밝았네 너도나도 일어나 새마을을 가꾸세
초가집도 없애고 마을길도 넓히고 푸른동산 만들어 알뜰살뜰 다듬세
우리서로 도와서 땀흘려서 일하고 소득증대 힘써서 부자마을 만드세
우리모두 굳세게 싸우면서 일하고 일하면서 싸워서 새조국을 만드세
새시대가 열렸네 우리모두 힘모아 민주복지 정의의 새역사를 만드세
우리모두 한마음 새정신을 일깨워 화합번영 통일의 새나라를 만드세
후렴 : 1~5절 살기 좋은 내 마을 우리 힘으로 만드세
6절 자랑 스런 내나라 우리 힘으로 빛내자

참고문헌

박 도, 《항일유적답사기》 눈빛, 2006
박상준 외, 《함께 만든 기적, 꺼지지 않는 불꽃》 (주)나남, 2023
박은식 지음, 남만성 옮김, 《한국독립운동지혈사》 서문당, 2019
박정석, 《식민 이주어촌의 흔적과 기억》 서강대학교출판부, 2017
박창원, 《동해안 민속을 기록하다》 민속원, 2017
배용일, 《포항역사의 탐구》 삼양문화사, 2006
이대환, 《박태준평전》 현암사, 2004
이범교, 《삼국유사의 종합적해석 上下》 민족사, 2005
이상준, 《장기고을 장기사람이야기》 장기발전연구회, 2006
이상준, 《포항의 3·1운동사》 2016
최완수, 《불상의 원류를 찾아서》 대원사, 2006
《구룡포향토사》 구룡포향토사편찬위원회, 2015
《국립경주박물관 도록》 국립경주박물관, 2009
《내연산과 보경사》 포항문화원, 2014
《대보향토사(大甫鄕土史)》 대보향토사편찬위원회, 2006
《아름다운 포항 유서 깊은 마을》 포항시정신문화발전연구위원회, 2007
《영일군사》 영일군사편찬위원회, 1990
《영일만 선사시대와 칠포리 암각화》 한국암각화학회, 2011
《청하읍성》 포항지역학연구회, 2021
《포항 6·25》 포항지역학연구회, 2020
《포항관내 충효열비 현황조사 및 원문번역 보고서》 포항시, 한동대학교, 2020
《포항시사 上·下》 포항시사편찬위원회, 1999
《포항의 독립운동사》 (사)최세윤의병대장기념사업회, 2017
《포항지구전투 참전용사 증언기록집》 아르코, 2013
《해맞이의 성지 포항, 호미곶》 포항시, 2004
《해와 달의 빛으로 빚어진 땅》 오천청년회, 2018

해설사가 전하는
구석구석 포항 이야기

초판 1쇄 2023년 9월 29일
초판 2쇄 2024년 5월 31일

글·사진 이순영
펴낸곳 도서출판 나루
펴낸이 박종민
등록번호 제504-2015-000014호
주　소 포항시 북구 우창동로 80
전　화 054-255-3677
팩　스 054-255-3678

ISBN 979-11-982261-5-0 03980

* 이 책의 내용 전부 또는 일부를 재사용하려면 반드시 저작권자와 출판사의 동의를 받아야 합니다.
* 잘못된 책은 구입하신 서점에서 교환해 드립니다.
* 책값은 뒤표지에 있습니다.